Albert Pütz

Hecht in Himmerod

ELV

ALBERT PÜTZ

HECHT IN

HIMMEROD

ROMAN

Herausgegeben von Anne Syndram

ELV

Impressum

1. Auflage 1990 © Pfälzische Verlagsanstalt, Landau
2., komplett überarbeitete Neuausgabe 2024
© Eifeler Literaturverlag
In der Verlagsgruppe Mainz

Eifeler Literaturverlag
Verlagsgruppe Mainz
Süsterfeldstraße 83
52072 Aachen
www.eifeler-literaturverlag.de

Gestaltung, Druck und Vertrieb:
Druck & Verlagshaus Mainz
Süsterfeldstraße 83
52072 Aachen
www.verlag-mainz.de

Lektorat:
René Völlmecke

Umschlaggestaltung:
Dietrich Betcher

Abbildungsnachweis (Umschlag):
© Oleksandr / #266906603 / stock.adobe.com
Autorenfoto S. 207: Privatarchiv des Autors

ISBN-10: 3-96123-092-7
ISBN-13: 978-3-96123-092-1

Meinen Eltern
Angela und Friedrich Pütz
zum Gedächtnis

Alle Figuren in diesem Roman sind
von dem Erzähler erfunden.
Keine ist identisch mit einer lebenden
oder toten Person.

INHALT

ANTIPHON
Etwas über Guido Pagels
9

KLEINE NOKTURN
Herr Klauke ist recht sonderbar
19

LAUDES
Horst Birtler mit Seesack
39

PRIM
Das blaue Licht der Eifel
53

TERZ
Die Vigil des heiligen Bruno
73

SEXT
Jonas findet sein Glück bei Vitus
93

NON
Der Abt sucht Erleuchtung
113

VESPER
Die geheimen Herren
129

KOMPLET
Der Fischmeister darf wieder heim
145

PASTORALE
Gregor kennt sich nicht nur mit Wein aus
165

NOKTURN
Hecht ist am besten im Herbst
177

MEMENTO
Hanno und Olaf im blauen Licht
195

WAHRHEIT IST DAS UNANFECHTBARE. GIBT ES DAS?
Nachwort der Herausgeberin
203

ÜBER DEN AUTOR
207

ANTIPHON

Etwas über Guido Pagels

Er kommt im Abendzug, im D-Zug von Saarbrücken. Am Bahnschalter in München hatte man ihm geraten, nicht durch das Saargebiet zu fahren, um Gottes willen nicht, es sei französisch. Als ob er das nicht gewußt hätte. So kommt er im D-Zug von Saarbrücken. Auf halbem Weg nach Koblenz, in Wengerohr, steigt er nach Wittlich um. Das ist dann ein klappriger Abendzug. Darin sitzen Leute aus den Dörfern der Gegend, die von ihrer Arbeit kommen und heim wollen. Die Gleisstrecke ist einspurig, sie führt ins Hinterland. Die Schienenstöße schlagen hart auf die Holzbänke durch, die sie weitergeben bis in die Gesichter der hin und her wiegenden Gestalten.

Guido hat daran keinen Anteil. Er lehnt im offenen Abteilfenster.

Der Himmel ist von schierem Ockergelb illuminiert. So ein Gelb, so ein Gelb! schwelgt er, Amberger Gelb, ganz und gar Amberger!

Der Fahrtwind verschlägt ihm die Worte.

Eine Wolkenbasis treibt gezackte Ausleger vor. Sie verzweigen sich in dieses Gelb. Sie greifen aus, lanzettartig spießen sie ins Zentrum. Dahinter schiebt sich massig und ungefüg, im Gegenlicht und schon abgedunkelt, die Kulisse der Eifelberge heran.

Da böte sich Tusche an, wässrig, in durchscheinendem Grau, sinniert er ins Schienengeratter. Gelb ist ihm nicht genug. Er will mehr. Er sucht das Blau.

Er ist auf der Fahrt zurück ins Blau. Erleben möchte er wieder dieses unfassliche Blau, von dem er nicht loskommt, seit er es zu ersten Mal hier gesehen hat, im

Oktober 1944, sechs Jahre ist es her. Nie wieder sonst, nirgendwo ist ihm ein so atmosphärisches Blau begegnet, ein tief gestaffeltes, eigenwilliges Blau mit scharfen Übergängen – das blaue Licht der Eifel. Der Wunsch, es wiederzufinden, es noch einmal in sich aufzunehmen, ja die Herausforderung, es ins Bild zu bringen, es mit Farbe zu fixieren, hat ihn hierher zurückgeholt.

Auf dem Platz vor dem Bahnhof in Wittlich warten Busse. Sie nehmen die Leute aus dem Zug auf, um sie in ihre Dörfer zu bringen. Guido setzt sich in den Bus mit Anschluß nach Kyllburg. Es dauert noch eine Weile, bis der Bus abfährt. Der Fahrer hat noch zu tun. Zum Beispiel sieht er unter der Motorhaube nach. Er murmelt Besorgnisse. Die bewahrheiten sich ein Stück Wegs hinter Wittlich. Im Anstieg am Pichterberg gleich in der ersten Spitzkehre bleibt der Bus stehen. Er schafft es nicht. Der Fahrer äußert nach hinten, der Wagen sei überfüllt. Die Maschine sei ein Diesel noch aus der Vorkriegszeit. Eigentlich dürfe er nur mit halber Nutzlast fahren. Am Ende schafft der alte Diesel es doch. Guido ist nach vorne gegangen, hat sich kurz mit dem Fahrer verständigt und sich hinters Lenkrad gesetzt. Er zeigt kühle Routine. Er kennt sich hinterm Steuer aus, auch wenn es bergan geht. Kehre um Kehre nimmt er zügig an, platziert das verhaltene Moment stets, ohne Schub zu verlieren und gibt, als wäre nichts gewesen, oben auf der Höhe das Steuer wieder ab. Gurrende Erleichterung ist im Fahrgastraum zu hören.

Zum Fahrer hin sagt er, im Winter 44/45 habe er hier in der Gegend gelegen. Also Auto zu fahren, richtig Auto zu fahren, habe er am Pichterberg gelernt. Nur mit Halblast im LKW hier heraufzufahren, auch bei Schnee, sei damals verpönt gewesen. Nun gut, das sei ja jetzt alles vorbei. Aus geringem Tabakvorrat dreht er sich eine Zigarette.

Im Geäst gegenläufiger Birnbäume huscht ein kreidiger Tagmond. Er steht im ersten Viertel. Das verspricht, was Guido sich erhofft, trockenes Wetter und einen hohen, weiten, lichten Himmel. Er hockt jetzt neben dem Fahrer, dreht auch für den eine Zigarette. Sie fahren noch eine Weile ohne Licht. Richtig dunkel wird es hier oben im klaren Oktober nicht vor sieben.

Sie rauchen.

Von hier ist er weggegangen, als alles zu Ende war.

Bis dahin war ihm die Welt einfach und fraglos erschienen, platt und überschaubar wie einem Menschen zu Ptolemäus' Zeiten. Was die Welt ist, wußte er damals noch nicht. Inzwischen hat sie ihn eingeholt. Gewollt oder ungewollt, er hat sich auf sie eingelassen. Weit ist er weg gewesen. Die Krümmung der Erde hat er hinter sich. Während der drei Jahre in Amerika hat er überhaupt nicht gemalt, in Atlanta nicht und nicht in New York. Angerührt hat er drüben nur Bleistift und Radiernadel und damit seziererisch Figurationen von sich verfertigt, skizzierte Zustände, Selbstvergewisserungen, und sich dabei Stück um Stück auf Distanz gebracht. In Atlanta, da steckte er noch im Feldgrau und saß im Camp. Auf Rücktransport nach Europa sprang er vom Zug und ging, weil es ihm zu verlockend erschien, aufs Geratewohl rein nach New York.

Es geht nur darum, Licht zu vermessen, sagte ihm einst einer in einer Kollegenrunde dort, so ein windiger, bärtiger Bursche war's, dem nichts gilt und alles. Du kannst machen was du willst, wenn du es nicht schaffst das Spektrum zu atomisieren, um es in Proportionen zu setzen, hast du verloren. Er nannte sich Designer, Stilist für Gebrauchsartikel, Sitzmöbel, Sonnenbrillen, Karosserien und so. Zu malen hatte er aufgehört. Es hieß, er gehöre ins Milieu um Lyonel Feininger. Und wenn schon. Atomisieren – Guido klang das zu tagesaktuell, zu modisch, zu geschmäcklerisch. Nein! Nein, das Spektrum zu quantifizieren ist elementar und exemplarisch, hätte er am liebsten eingewandt. Doch er schwieg. Zu malen hatte er ja auch aufgehört.

Aufgehörter Maler. Damit war es vorbei, sobald er nach München kam. Schon im Jahr darauf erhielt er Signale von der Akademie. Stolzerfüllt ging er darauf ein. Heute amüsiert es ihn nur noch. Seine Freunde und Kollegen in München vermissen ihn wohl schon. Letzte Nacht hat er sich auf und davon gemacht. Weggefahren ist er, ohne es ihnen zu sagen. Hätte er es ihnen gesagt, ausgeredet hätten sie es ihm wohl: jetzt die Stadt zu verlassen, ausgerechnet jetzt. Seit Tagen läuft in München eine seiner Ausstellungen. Seine wichtigste bisher, so urteilen die Freunde. Eine subtile, wegweisende Gesamtschau, so hat die Kritik geschrieben. Was sie von ihm sagen, was sie über ihn schreiben, es geht an ihm vorbei. Über das, was sie meinen, ist er hinaus.

Es malen zu nennen, was er in München gemacht hat, hält er im Ergebnis für verfehlt. So vor sich hin weiße Flächen bemalt hat er. Nichts weiter. Er hat gemalt, was und wie auch andere malen oder gemalt haben. Hier und da war er diesem oder jenem um eine Nuance voraus. Mehr ist, was in Schwabing an ihm gerühmt wird, nicht gewesen. Achtundzwanzig ist er jetzt. Den Gefährdungen, die im Herkömmlichen lauern, ist er erlegen. Soviel weiß er inzwischen über sich. Zum Wiederholungskünstler, zum Nachahmer seiner selbst ist er geworden. Die Bilder, die von ihm hängen, hat er hinter sich. Die Zäsur ist da. Er spürt neue Spannung, neue Augenlust. Wie nie zuvor. Doch er ist blockiert. Produktionshemmung lähmt ihn.

Sein Paradies gesucht und nicht gefunden? Oder es verscherzt? Das Paradies hat eine Hintertür. Er ist sich dessen nicht sicher, er hält es für möglich. Diese Hintertür zu finden ist alles. Das Schlupfloch in die Welt, in der er gern leben möchte, vermutet er in einer Einöde: hier.

Was ihm da vorschwebt, kennt er schon, topographisch verstanden. Die Landschaft am Südrand der Eifel ist flachwellig, nahezu eben. Aus ihr heben sich nur vereinzelt bewaldete Rücken. Wiesen und Grünland bestimmen das Bild. Reglos steht im Herbst geflecktes Hornvieh im Land. Dazwischen liegen, wo der Boden für den Pflug tiefgründig genug ist, in Streifen kleinparzellierte Äcker. Schräg weisen die Obstbäume in ein und dieselbe Richtung. Der Wind kommt von See her. Über die Ardennen schiebt er Wolken heran, stetig Wolken und Regen. Sonnentage sind selten, viele Sonnentage hintereinander ein wahres Glück.

Die Dörfer sind Ansammlungen von sandsteingemauerten, queraufgeschlossenen Einhäusern. Stall, Scheune und Wohnung reihen sich nebeneinander unter einem Dach. In Fenstern unterm Giebeldach nistet Schwermut. Die Gärten sind umstellt von Lattenzäunen, lückenhaft und ebenso windschief wie die Bäume. Spitz ragt über alle hinaus der Kirchturm. Stafetten von Holzmasten mit wippenden Telefondrähten traben durch Mulden und über Kuppen von Dorf zu Dorf. So gesehen ist es ein karges, ein kümmerliches, ein melancholisches Ensemble. Guido selbst hat es einmal eine Landschaft genannt wie ein verregneter Sonntag mit Glockenläuten.

Sobald aber zumal im gefilterten Herbstlicht über diesem Panorama der Himmel aufblaut, weicht alle Tristesse. Die Grautöne zergehen in einem stahligen Glanz. Für Stunden, für Tage, manchmal nur für Augenblicke ist alles hier oben dann von durchscheinender Anmut und Eleganz. Alles zergangen in pures Licht.

Versucht war Guido schon damals, dieses Spektrum zu reproduzieren. Leichter gesagt als getan. Woher dafür die Farben nehmen. Er war Soldat. Um ihn tobte der Krieg. Farben, um ein Bild zu malen, gab es nicht mehr.

Der Fahrer bedankt sich für die Zigarette.

So als wolle er sich für sein Mißgeschick vorhin am Berg entschuldigen, sagt er zu Guido, Bus zu fahren sei nicht sein Fach. Das mache er, um seine Rechnungen bezahlen zu können. Eigentlich sei er Bauer. Guido nickt, er hat davon einen Begriff. Bauer hier oben sein heißt auch, sein eigener Schmied, Maurer, Schreiner, Metzger, Tierdoktor, Züchter, Obstbaumveredler sein und mit barer Münze einstehen können, wenn die Frau mal wieder schwer im Kindbett liegt oder die Häckselmaschine einem ein Stück Fleisch oder Knochen abgeknappt hat.

Mitunter hält der Fahrer sich die Hüfte. Beckendurchschuß in Nordafrika, sagt er. Er sagt es leise, damit es niemand hört, der es weitersagen könnte. Bei der Bahn, für die er abends bis tief in die Nacht diesen Bus fährt, gibt es strenge Vorschriften. Seinen Fahrerjob wäre er los, erführen die, daß er leidend ist. Er scheint etwas ratlos. Er reicht Guido das Groschenblatt. Nur noch die großen Überschriften kann Guido lesen. Für das andere ist es schon zu dunkel. Er liest: Erste Deutsche Weinkönigin gewählt. Und weiter unten: Der Krieg beginnt jetzt richtig.

Gemeint ist der Krieg in Korea. Der Fahrer fragt, wo das ist. Er zeigt sich erleichtert, als er hört, das ist weit weg von hier, ganz hinten in Asien. Andererseits. Wein gefällt ihm, Königin wiederum nicht. Gern hätte er sich auf ein Gespräch darüber eingelassen, ob das mit Königin denn heutzutage noch einen Sinn macht. Oder ob es wieder auf Monarchie hinausläuft, viele Leute mögen das ja.

Doch es ist jetzt richtig dunkel, da muß er aufpassen. Die Straße hat noch keine geschlossene Teerdecke. Auf ihre Löcher, die tückisch sind, sobald es dunkel wird, muß er sich genau einstellen. In den Dörfern steht meist nur an der Kirche eine Straßenlaterne. Wenn die nicht brennt, was gelegentlich vorkommt, fällt trüber Lichtschein nur aus offenen Scheunentoren und aus Küchenfenstern.

Die im weiten Umkreis markanteste Siedlung ist Großlittgen. Sie ist Kreuzpunkt vieler Straßen, die hier zusammenkommen. Auf der Landkarte ist es ein Punkt, der hervorsticht. Großlittgen präsentiert sich offen und blank, es liegt ganz oben auf der Hochfläche. Von überall her ist es einzusehen – ein Kinderspiel damals für Kanoniere, für Leute hinterm Fadenkreuz oder überm Bombenzielgerät. Von den Dörfern ringsumher hat Großlittgen am meisten abgekriegt. Man sieht es heute noch.

Guido hat es so eingerichtet, daß er zur Nachtzeit zurückkommt. Nachts ist er weg von hier, auf der gleichen Straße, durch die nämlichen Dörfer. Was er schon weiß, sieht er daher am besten im Dunkeln, wie er glaubt. Diesen Landstrich kennt er als Einöde, als zerschossene Einöde.

Einöde ist es im Grund geblieben. Daran fasziniert ihn, was er über den hohen Waldfluchten, auf den Hügeln bis in den Talgrund hinein dieses meilenweit unerhörte Blau nennt, das er wieder anzutreffen hofft, um als Maler daran zu wachsen oder zu scheitern.

Großlittgen liegt schon eine Weile zurück, da nimmt er seine Sachen auf, es ist ein in Segeltuch geschnürter Pack. Auf freier Strecke läßt er anhalten und steigt aus. Es ist der Punkt, wo die Kyllburger Chaussee in die Schlucht des Salmbachs abfällt, ins Himmeroder Oval. Linkerhand neben der Straße, vor der Kulisse eines Waldes, steht ein einzelnes Haus. Der Wald ist kein

Wald mehr. Es ist ein Wald ohne Bäume. Kreuz und quer, zerfetzt, geknickt, ragen kahle Stämme. Bei dem Licht jetzt wirken sie auf Guido wie bleiches, ragendes Gebein. Der skelettierte Wald. Bleiglanz schimmert um den Mond.

Der geköpfte Wald. Als es geschah, stand Guido jenseits der Chaussee auf einer schiefen Jagdkanzel ostwärts von Neuhof. Er wußte, im Keller des Hauses da drüben sitzen Gerda Bastgen und die Mutter ihres gefallenen Mannes, die beiden Buben sind zum Schanzen an der Mosel unterwegs. Eigentlich hatte er Bastgens noch Tschüs sagen wollen. Dafür war es aber schon zu spät. Es kam auf einmal so dick, daß er über die Hohen Marken ausweichen mußte. Von dort sah er zu, bis die Einschläge breiter streuten. Als die Musik dann noch zu ihm herüberkam und die Dinger auch ihm um die Ohren flogen, war es Zeit, sich davonzumachen. Das Zeugs kam übrigens von beiden Seiten herüber. Das Datum vergißt er nie, 8. März 1945, ein Donnerstag. Ein Streichholz hatte er noch angerissen und auf die Uhr geschaut, als die ersten Amerikaner sich von Eichelhütte her näherten.

Das Haus steht längsseits der Straße. Man sieht ihm nicht mehr an, daß es übel zugerichtet war. Es zeigt wieder Fassade. Das Mauerwerk ist ausgebessert und frisch übertüncht. Kräftig mit Farbe nachgezogen ist über der Tür die alte Rundschrift *Gasthaus Bastgen*. Hat er doch gewußt. Hier kann er Logis nehmen. Er hat es im Stillen vorausgesetzt. Er ist erleichtert. Wieder in diesem Haus zu sein empfindet er fast wie eine Heimkehr. Vier Monate lang ist er hier ein- und ausgegangen.

Seine Prämisse war und ist, hier seine vier Wände haben, am neutralen Ort sein, in windstiller Oase. Kein Schritt zu viel, keiner zu wenig. Nicht Martha, sondern malen. Kein Strich zu viel und keiner zu wenig. Im blauen Licht sein, sobald und solange es sich zeigt. Und malen, malen. Und sich auf nichts anderes einlassen. Sonst, so fürchtet er, wird am Ende nur Martha sein, einzig Martha.

Sie seien leider ausgebucht, bedauert Gerda Bastgen, bevor sie erkennt: Guido steht vor ihr. Er hat eine Baskenmütze auf, einen Oberlippenbart hat er sich stehen lassen.

Die Wirtsstube ist bäuerliche Wohnstube geblieben. Da ist noch der ovale Tisch mit dem gedrechselten Mittelfuß. An der Wand dahinter steht das alte Plüschsofa. Darüber hängt eine Darstellung der Muttergottes von Klausen, vignettenumkränzt. Daneben ein Foto mit Trauerrand, es zeigt einen Soldaten im Gefreitenrang, Gerdas Mann. Der Schanktisch und kleine Tische mit Deckchen darauf machen die Wirtsstube aus. Auf einem der Tische liegt schon ein Frühstücksgedeck. Oben im Haus sind Gästezimmer ausgebaut. Gerade noch recht zum Beginn der Herbstsaison sind sie fertiggeworden. Ein Gast sei schon da, erklärt ihm Gerda, er habe gleich alle drei Zimmer auf einmal gebucht für eine ganze Woche und den Preis im Voraus bezahlt.

Guido setzt sich einfach auf das Sofa, mitten rein ins blumige Plüsch, lax und familiär, so wie früher. Für einen Lidschlag, für zwei oder drei scheint es, als sei die Zeit stehen geblieben. Die Mütze nimmt er herunter. Er hat langes Haar. Es fällt ihm bis zur Schulter.

»Hab' ich mir doch gedacht, aus dir wird noch ein Künstler. Herrjeh!« Gerda wirft die Arme hoch.

Sie holt für ihn zu essen und setzt sich zu ihm an den Tisch.

Wie es um sie steht, hat sie schnell erzählt. Die Mutter ist gestorben. Die beiden Buben haben schon geheiratet. Das Land hat sie verkauft und mit dem

Geld das Haus wieder aufgebaut – zurechtgeflickt, nennt sie es.

»Für mich wird's wohl reichen, denke ich. Weißt du, mit einem Mal merkt man, man ist alt. Die Kinder sind weg, das Haus ist leer, die Uhr schlägt ganz anders.«

Sie geht und macht einen Kaffee.

»Es ist Klosterkaffee«, ruft sie aus der Küche. »Herr Klauke hat ihn mitgebracht. Er sagt, er hat ihn von den Mönchen. Herr Klauke ist der Gast, der alle drei Zimmer gemietet hat. Zwei Zimmer müßten ihm eigentlich genügen. Das dritte, die Nummer 3, kriegst du.

Und was ist mit Dir, Guido? Nein, daß es dich noch gibt! Ich bin froh, daß jetzt einer wie du da ist. Dieser Klauke, also der.«

KLEINE NOKTURN

Herr Klauke ist recht sonderbar

Vor Tagen ist Klauke in einem Auto vorgefahren, das sich sehen lassen kann.

Gerda kennt sich mit Autos nur wenig aus. Einem Wagen wie dem ist sie noch nicht begegnet. Sie vermutet, es ist einer von diesen neuen Wagen, die jetzt in aller Munde sind. Manchmal unterhalten sich die jungen Leute am Schanktisch darüber. Das Auto steht hinter dem Haus im Schuppen. Das Schuppendach ist noch schadhaft. Gerdas ständige Sorge ist, es könnten sich, wie neulich bei dem schweren Sturm, Ziegel lösen und herunterfallen. Wär' das ein Malheur!

Herr Klauke selbst kommt etwas bizarr daher, in weiten Kniebundhosen, sogenannten Knickerbockers, mit Schal und Jägerjoppe. Über den Kopf liegen von einem Ohr zum anderen einzelne Haare, akkurat gezogen. Hin und wieder fährt er mit der Hand glättend darüber. Er gibt sich korrekt, grüßte bei seiner Ankunft knapp und übergab ein Empfehlungsschreiben. Absender ist die staatliche Forstverwaltung. Unterschrieben hat ein Forstmeister. Der versichert in diesem Schreiben, Herr Klauke sei ein geschätzter Jagdgast in seinem Revier. Er beanspruche alle Zimmer des Hauses Bastgen, was der Stellung entspreche, die er einnehme. Herr Klauke wünsche, in allen Dingen diskret behandelt zu werden. Das Wort *diskret* ist in diesem Empfehlungsschreiben durch Unterstreichung hervorgehoben.

Deswegen hatte Gerda gezögert Herrn Klauke zu bitten, sich im Beherbergungsbuch einzutragen. Sie hat es dann aber doch getan. Dafür ersparte sie ihm, seinen Ausweis vorzuzeigen. Im Beherbergungsbuch hat Herr Klauke über sich vermerkt: neunundvierzig Jahre, verheiratet, von Beruf Personalbeauftragter in Andernach am Rhein.

Er führt kein Reisegepäck mit sich. Die Begründung, die er ungefragt dafür gibt, ist, die Hirschbrunft habe heuer überraschend früh eingesetzt, Hals über Kopf sei er losgefahren, um hier ja nichts zu versäumen. Er hält nichts davon, vom Bett aus direkt zum Frühstück zu gehen. Dazwischen muß ein Stück Anstrengung liegen, sonst schmeckt es ihm nicht, wie er schon am Tag seiner Ankunft hat wissen lassen. Morgens geht er sehr zeitig los. Dann hat er schweres Überzeug an, einen langen Lodenmantel und einen nach Jägerart façonnierten Hut, den er tief in die Stirn gezogen trägt. Zirka drei Stunden bleibt er weg, nicht vor neun kommt er zurück. Wenn er dann in der Tür steht und die Nebelnässe aus den Kleidern schüttelt, erinnert er Gerda jedes Mal an Rabulski, einen Kobold aus ihrer Kinderfibel.

Ein aussichtsreicher, ein vielversprechender Herbst! So sagt Klauke jedes Mal und reibt sich die Hände, bevor er Quark, Quittengelee, Brotkante und Fünfminutenei angeht. Klosterkaffee, leibhaftiger Bohnenkaffee! So rühmt er Tag um Tag und rührt vieldeutig in der Tasse.

Einmal, da rückt er seinen Stuhl zurück und sagt zu Gerda, seine Morgenrunden mache er rings über die Höhen, weil dort jetzt aus den Dickungen hinter den Kammlagen rudelweise kapitale Stücke ins Revier wechselten. Ein großartiger Anblick sei es, wenn stark und erhaben geweiht einer ihrer Großen aus der Deckung hervor auf den Plan trete und Ausschau halte nach Seinesgleichen. Das eigentliche Rendezvous stehe aber noch bevor. Es gelte, dieses Treffen ungehindert sich entwickeln zu lassen. Ungehindert, das bedeute, für Unbefugte sei der Wald jetzt zu, striktemang geschlossen.

Barsch kracht er mit dem Löffel das hohle Ei zusammen:

»Ebenso wie der Wald ist auch dieses Lokal geschlossen. Es gehört zum Wald. Niemand darf hier rein, solange die Hirschsaison dauert.«

Gerda findet, Klaukes Augen lugen wie durch Sehschlitze. Sie kennt einen Haumeister, der oben im Wald arbeitet, wo Klauke immer unterwegs ist. Den fragt sie, was er von Klauke hält.

Er sagt ihr, Klauke hat ein Spähergesicht. Gegend ist für den Gelände. Mensch und Tier, lebendige Natur, für den sind es Objekte in einem Planquadrat. Der Wald gilt ihm als Element der Einschränkung des Sichtfelds, als erstrebenswerter Geländevorteil. Grundsatz ist bei dem, wer den Wald hat, ist Herr der Lage. Gelernt hat der, auf fremde Bewegungen im Gelände wie auf Ziele zu reagieren. Eine Unvorsichtigkeit begeht, wer in seinem Planquadrat sich offen blicken läßt. Gerda kann es nicht glauben, sie schüttelt den Kopf. Ihr Gewährsmann bleibt dabei. Spähergesicht, wiederholt er, dafür hab' ich einen Blick, bin lange genug Soldat gewesen. Der Klauke, also der!

Gerda begreift das alles nicht. Rabulski, das weiß sie jetzt, geht in ihrem Haus um. Sobald Klauke in der Tür steht, lebt vor ihren Augen die alte Kindermär wieder auf:

Die Großen vom Berge. Da droben haben sie ihr Schloß. Unten im Tal ackern, ernten, jagen und fischen die Leute. Da steht bei Wind und Wetter auf einmal einer da. Einen Schlapphut hat er auf. Nässe tropft von ihm ab. Er hört, was die Leute sagen, rät ihnen, spricht ihnen zu, läßt unterm Wams hervor klick einen Dukaten springen. Der blitzt, der blinkt so gleißend und so hell, als scheine die Sonne wieder. Und dann dudelt er, der mit dem Schlapphut, ihnen in der Stube heißa zum Tanz auf bis in den klaren Morgen hinein. Da merken sie, da geht ihnen auf, gefischt ist, gejagt ist und alles ist weggeerntet. Ein Kobold war da, ein Kobold. Vom Berge blasen Hörner und ziehet ein Heer.

Gestern registrierte Herr Klauke einen Fauxpas.

Entgegen der Etikette setzte sich gestern die Wirtin zu ihm an den Frühstückstisch und goß ihm einen Trester ein, er hatte keinen bestellt. Sie füllte sich auch ein Glas, leerte es, ohne ihm zuzutrinken, besann sich eine Weile, trank noch einen und noch einen und befand:

»Jagdgast – das war wohl nur ein Scherz, was?«

Ohne den Schnaps anzurühren, erwiderte er:

»Gemeint ist natürlich Forstgast, was freilich eine ungebräuchliche Bezeichnung ist.«

Während der nächsten Nacht, er lag schon zu Bett und hörte draußen die Türe gehen, stellte er fest, getroffene Abmachungen bedeuten der Wirtin nichts, sie hält nicht Wort. Das erinnert ihn an seine erste Frau. Auf die war auch kein Verlaß. Seine Frau galt als auffallend hübsche Person. Mal war sie schwarz, mal war sie blond, mal kastanienbraun onduliert, zu besonderen Anlässen sogar rubinrot, was alles ihr gut stand und ihrem Geschäft, einem Frisiersalon in einer Garnisonsstadt. Er war mit Krieg beschäftigt. Er hörte nichts mehr von ihr und nichts mehr über sie, außer, daß sie eine Frau sei, so hinreißend standesamtswidrig, daß er ohne Scheidungsrichter sich zum Narren mache.

Herr Klauke zieht in Erwägung, ähnlich schroff mit seiner Wirtin zu verfahren, sie bei Gericht verklagen zu lassen wegen Verletzung des Beherbergungsvertrages. Sie hat gestern Nacht jemand in Logis genommen und ihm ein Zimmer vermietet, das schon vermietet ist. Den Streitwert schätzt Herr Klauke auf zweitausend Mark, Anwaltskosten nicht eingerechnet. Heute Morgen nun auf seinem Waldgang hat er diesen Plan verworfen. Rechtzeitig ist ihm eingefallen, daß er bei Gericht öffentlich auftreten müßte und sagen, wer er wirklich ist. Aber das geht jetzt nicht. Pläne aus der Nacht halten bei Tageslicht besehen selten der Realität stand. Den Forstmeister will Klauke aber nicht ungeschoren lassen. Der ist ein Versager. Ihm so eine Adresse anzudienen! Das Gasthaus Bastgen ist über jeden Zweifel erhaben, hat dieser Forstmeister ihm zugesichert. Das ist Schlamperei im Amt! Meldung wird er machen über den.

Zum Frühstück ist Herr Klauke zeitig zurück. Gerda hantiert in der Küche.

»Hallo«, ruft Klauke schon von der Tür aus ihr zu. »Den Bohnenkaffee diesmal für zwei Personen, bitte – für zwei. So dick und so heiß wie's geht!«

Was denn nun, denkt sie, ist der Klauke heute aber kulant. Klauke bittet Guido zu sich an den Tisch. Guido sitzt auf dem Sofa, steht auf und setzt sich zu Klauke. Draußen ist die Oktobersonne durch, letzte Dunstschleier zergehen. Nur der Himmeroder Kessel ist noch randvoll mit Nebel.

Er möchte nicht mißverstanden werden, er hat kein Gewehr dabei, nicht einmal besitzt er einen gültigen Jagdschein, sagt Klauke, während sie frühstücken. Pirsch und Waidmannsheil sind in diesem Herbst nicht angesagt. Abgeschirmt ist das Revier. Nicht um auf Rothirsche anzulegen, nicht um zu schießen ist er hergekommen, sondern um, wie weiland Oberforstmeister Frevert in der Rominter Heide, durch Futterpräparate und den Anbau bestimmter Futterpflanzen, die er aus seiner Heimat Brandenburg kennt, dazu beizutragen, daß den Hirschen hier nächstens prächtigere Geweihe wachsen. Im Jahre 1728 tauschte der preußische Soldatenkönig Wilhelm I. mit August dem Starken von Sachsen die Prachttrophäe eines Sechsundsechzigenders gegen eine Kompanie Soldaten. Das Geweih ist noch heute auf Schloß Moritzburg bei Dresden zu sehen.

»Waren Sie schon mal in der Sowjetzone?«

Nein, dazu ist er noch nicht gekommen. Doch ein Sechsundsechzigender ist ja exorbitant. Gleich morgen fährt er da mal hin, gibt Guido trocken zurück.

Beide lachen. Sie bestellen Kaffee nach.

Aus einem Lederfutteral nimmt sich Klauke eine Zigarre mit Originalbanderole, deutlich zu sehen: eine echte Brasil, Churchillformat. In Kennermanier wälzt er sie auf der Zunge hin und her, zündet sie an, läßt phantastisch modellierte Rauchkringel aufsteigen. Er erkundigt sich, was Guido hergeführt hat, was ihn hier in der Gegend jetzt umtreibt.

Anregend wirke diese Landschaft auf ihn, sagt Guido. Fünf Jahre war er nicht hier. Sie hat ihm gefehlt. Landschaften nimmt er in sich auf. Er absorbiert sie. Osmose ist es, ein Druckausgleich, den er durch die Membran des Lichts erlebt. Von einem saugenden Blau ist hier das Licht, schwärmt er, von einer Brechung, so rein und so konsequent, als seien Wesen und Dinge in ein Prisma von kristallener Schärfe gestellt.

Dieses Lichterlebnis, erzählt er, hatte er zum ersten Mal im Oktober 44, als er, nie vergißt er das, in dieser Gegend angekommen ist nach einem langen Nachtmarsch und für eine Handvoll Schlaf auf eine Strohschütte in einer zugigen Feldscheune niederfiel. Morgens dann eine Sonne wie heute. Die Witterung frostig. Es liegt dicker Raureif. Pelzig weiß ist alles, soweit die Schattengrenze des Waldes reicht. Kaffee holen, schanzen, Wache stehen. Über diese Begrifflichkeiten hinaus ist ihm von dem, was er an jenem ersten Tag seines Hierseins getan hat, nichts mehr in Erinnerung.

Alles ist an ihm vorbeigeschehen, auch ein Tieffliegerangriff mit Bombenabwurf und Bordwaffenbeschuß – buchstäblich alles, weil auf einmal das Gefühl in ihm war, außerhalb zu stehen. Abends, bei schwindendem Licht, glomm halber Mond auf. In Rücklage wiegte er im Sternbild der Kassiopeia.

»Ich male, müssen Sie wissen.«

»Habe ich mir doch gleich gedacht. Habitus à la Bohème, Baskenmütze. Als ich eben hereinkam – Sie, da dachte ich, da sitzt ein Franzos! Hätte mir grad noch gefehlt. Die schießen ja, wo sie können, auf Hirsche, auf alles schießen die.«

Frau Bastgen kommt mit einem Bild. Es ist eine Kohlezeichnung, der Aufriß eines Portraits, kantig auf körniges Packpapier gesetzt. Dargestellt ist eine alte Frau. Sie sitzt im Schein einer Petroleumlampe und liest einen Brief. Um ihr Handgelenk ist eine Gebetsschnur geschlungen, ein Rosenkranz. Das Bild ist datiert Januar 45, es trägt Guidos Handzeichen.

»Vom Sanitäter, der gemalt hat. Der immer gemalt hat. Er hat auch meine Mutter gemalt – hier, schauen Sie!«

Gerda hält das Bild Klauke hin. Guido ist peinlich berührt. Dieses Stück hätte er besser nicht aus der Hand gegeben. Er findet es unerträglich. Mit Holzkohle auf Holzpapier ist es ausgeführt. Die Kohle stammte aus dem Holzvergaser des Opel-Blitz, mit dem er Verwundete von der Front holte.

Die Front, das war oben im Raum Prüm. Das Quecksilber stand bei achtzehn Grad minus. Eigentlich war er nur auf eine heiße Bouillon hereingekommen. Bei den Bastgens am ovalen Tisch war heiße Bouillon noch zu haben. Er saß wie betäubt, wie immer, wenn er mit arg Verstümmelten zurückgekommen war. Zeile um Zeile, immer und immer wieder las die alte Frau im Sessel unter dem Foto mit dem Trauerflor den letzten

Brief ihres Sohnes durch. In Wirklichkeit sprach sie Gebete vor sich hin, während von weit her das Grollen der Front zu hören war.

Von Gefühl überschwemmt hat er die Striche geführt, die Konturen gesetzt, das Helldunkel kontrastiert. Sentimental ist das Bild dann auch geworden, unsäglich sentimental. Am liebsten nähme er das Blatt wieder an sich. Doch für Gerda scheint es unersetzlich. Wie eine Art Familienreliquie hängt es bei ihr im Schrein der Unvergänglichkeit. In einen Rahmen hat sie es gefügt, in einen gekerbten, bronzierten Rahmen von früher, und unter Glas gelegt.

Und hierher zurückgekommen sei er, nicht wahr, um jetzt Landschaften zu malen, erkundigt sich Klauke und warnt vor Tretminen.

Schon-schon, aber er weiß, wo die Minen liegen, sagt Guido, hinter dem Hühnerkopf entlang der Linie des Kailbachs liegen sie, gegen Binsfeld zu. Er hat selber mithelfen müssen, sie einzubuddeln – als Sanitäter. Rotkreuzbinde abnehmen! So ist ihm befohlen worden.

Gleich ist nun Klauke mit einem Meßtischblatt zur Hand und einem Zirkel, sogenanntes Planimeter mit verstellbarem Anschlag, den Zirkel hat er schon in Spreizstellung. Die Nadel sitzt auf der Karte, exakt auf dem Punkt, wo sie sich befinden. Um beide Hände frei zu haben, hält Klauke die Zigarre mit den Zähnen.

Über den Kailbach schlägt er einen Bogenstrich, murmelt: mittlere Entfernung vierkommasieben, scheint in gewisse Konstellationen vertieft, äußert lediglich aha, als Guido ihm sagt, hierher zurückgekommen sei er auch, um liebe alte Freunde wiederzusehen. Gerda denkt, Martha ist gemeint. Martha gehe es gut, ruft sie Guido zu – einigermaßen gut, schränkt sie ein.

Mit seinem geschnürten Bündel steht Guido schon in der Tür. Spät könne es heute Abend werden, vielleicht sehr spät, läßt er Frau Bastgen wissen, sie brauche nicht auf ihn zu warten. Die Torflügel des Schuppens stehen offen, lassen eine viertürige Limousine sehen. Klauke sitzt schon am Volant. Vorn am Kotflügel prangt ein Einsteckstutzen für den Stander.

»Borgward, der neue Hansa 1500, gratuliere«, bemerkt Guido in aller Beiläufigkeit. Benzinmaschinen schätzt er gering. Autos ohne Holzgasgenerator bedeuten ihm wenig.

Klauke bittet Guido, zuzusteigen, läßt den Wagen an und legt den ersten Gang ein. Gefahren sei besser als gegangen, wiehert Klauke. Wo denn diese Martha wohne? Er bringe ihn gern dorthin, falls es nicht zu weit ist. Er bietet Guido sogar eine Brasil an und fragt nebenbei:

»Sie heißen, bitte? Verzeihen Sie, ich habe nachgesehen. Sie haben sich hier im Haus nicht eingetragen.«

Guido bedient sich aus dem Lederfutteral, zieht es aber vor, zu Fuß zu gehen. Das Tal dampft, die Höhen glühen.

Auf der Suche nach einem irdischen Paradies. Falls es eins gibt. Wo gibt es eines? Francesco Petrarca hatte seins gefunden beim Anblick eines Baumes: Ich verlange nichts weiter als diese Kiefer gegen den Himmel. Das genügte ihm. Laura de Noves hatte er schon gefunden, seine platonische Liebe. Er, der Poet.

Ein anderer war, um ein Paradies zu finden, von Burgund heraufgezogen. Beim Anblick der Talniederung voller Wildwuchs, Dornen- und Distelgestrüpp soll er, so will es die alte Vettel Fama, voller Entzücken ausgerufen haben *Hic vere claustrum,* oh welche Abgeschiedenheit!

Unten zog munter der Salmbach vorbei, auf seinem Weg nach Süden der Mosel zu. In seinem Wasser, schon von weit her zu sehen, quirlte und glitzerte es von Fischen. Gefunden war ein Paradies im Jahr 1135. Der Reisende aus Burgund, beritten und von Adel, entschied: hier ist der Platz für ein Kloster. Er, in grauer Mönchskutte, ein Zisterzienser, ein Mystiker, ein Eifeler. Er predigte den Krieg. Er rief zu den bewaffneten Wallfahrten gen Jerusalem auf. Paradiese erfand er. Gottesliebe im Sinn. Er, Bernhard de Fontaines, Bernhard von Clairvaux genannt. Kein Geringerer.

Das Vademecum für Pilger im Bistum Trier von 1834 beschreibt den Weg zu der Stelle hin wo Bernhard gestanden haben soll, als er in die Talmulde von Himmerod schaute. Zu diesem Punkt möge man, so lautet die Empfehlung in diesem Buch, an einem Tag kommen, der mehr Wolken als Sonne verspricht, weil sich im lebendigen Wechselspiel von Licht und Schatten das tote Gemäuer drunten vorteilhaft darbiete. Unvergleichlich schöner sei es aber, heißt es dort voller Bewunderung weiter, die Ruine der Abtei Himmerod im waldumschlossenen Salmtal beim grellen Licht eines Gewitters oder durch kalte Abendnebel anzuschauen.

Guido auf der Suche nach seinem Paradies. Er morgens in hellem Sonnenschein. Er nicht als Pilger, wie käme er dazu. Er aber auch von dem Punkt aus, wo Bernhard gestanden hat. Er kennt das Vademecum, es steht in der Bibliothek des Klosters, in der er ein- und ausgegangen ist. Der Pfad zum Bernhardsblick ist zugewachsen, dichtes Unterholz hat sich darüber ausgebreitet. Mit wahrem Spürsinn schlängelt Guido sich durch. Unten, auf der Wiese am Bach und über den Fischteichen, liegt jetzt nur noch weißer Dunstflor. Wie auf künstlichen Schnee, wie auf Watte gesetzt erscheinen am Ufer die Reihen der Weidenstrünke, auf der Wiese die

Obstbäume und die grasenden Rinder. Wie liebevolle Bastelarbeit mutet es an, wie Weihnachtskrippenstaffage. Auf seltsame Weise leicht wirkt in dieser Szenerie die wuchtige Zweckmäßigkeit der Abtei, ein in drei Teilen gegliedertes Bauwerk, karg und verschlossen.

Unterhalb der Kyllburger Straße steht das Gebäude am Fuße des Berges, mit deutlicher Achsenkrümmung nach Südost. Seine Schieferdächer tragen noch immer die roten Kreuze der Genfer Konvention. Etwas abgewittert sind sie inzwischen. Die Kreuze sind außer Winkel gesetzt, schief sind sie geraten. Von hier oben sieht man es genau. Guido hat die Kreuze aufgemalt.

Die Kunst, ja die Kunst. Für Guido hat sie damals darin bestanden, drei große Steilflächen, nämlich diese Dächer, zu bemalen, auf jedes Dach beiderseits weißen Untergrund zu bringen und darauf rote Kreuze zu setzen, in wetterbeständiger Ausführung und binnen vierundzwanzig Stunden. So war ihm aufgetragen worden. Als er erklärte, dazu nicht imstande zu sein, wurde er ausgelacht. Ein malender Sanitäter, der nicht mal ein Kreuz hinkriegt! Schallend ausgelacht haben sie ihn. Um es ihnen zu beweisen, streifte er durch die Gegend, sah bei den Leuten in den Häusern nach und requirierte Hakenkreuzfahnen. Es gab immer noch welche. Tip-top und gebrauchsfertig lagen sie parat, obwohl die Kanonen des Feindes schon bis hierher reichten. Sogar im Fundus des Klosters, dort freilich im hintersten Winkel, fand Guido eine davon. Er zerschnitt sie alle, trennte die roten Stücke des Fahnentuchs ab, schneiderte daraus ein riesiges rotes Kreuz und gab zu verstehen, anders ist es nicht zu machen, denn Farbe, flüssige Farbe, Farbe zum Anstreichen, bitteschön, ist nirgends mehr aufzutreiben, wetterfeste schon gar nicht – es sei denn unten an der Mosel: Bootslack.

Er bekam zwei Tage frei, um sich an der Mosel umzusehen. Einen Fährmann spürte er dort auf, in Zeltingen oder wo es gewesen ist. Dieser Fährmann war vielleicht einer. Die Lazarett-Kreuze der Abtei, so schief und krumm sind sie geraten, weil Guido von diesem Fährmann außer volle Farbeimer auch Wein mitbekommen hat. Wein in Flaschen, ein ganzes Dutzend. Wein zu trinken war Guido bis dahin nicht gewöhnt.

Guidos Genfer Kreuze, so verwackelt sie ausgefallen sind – auf amerikanischer Seite hat es um sie einen beträchtlichen Wirbel gegeben.

Den Amerikanern war nämlich eines Tages zur Gewißheit geworden, die Klosterkirche von Himmerod in Trümmer gelegt zu haben. Auf einem Foto der Luftaufklärung war deutlich zu sehen: die Kirche ist nur noch ein Steinhaufen, von ihr ragten nur noch drei isoliert stehende Gebäudeteile auf, die Chorabsis, die Westfassade und der talseitige Giebel des Querschiffs; dazwischen nichts mehr, das Langhaus fehlt ganz. Perfekter Reihenwurf, resümierte der Einsatzstab des Bombergeschwaders. Eine Lazarettkirche mit Bomben belegt, das ist eine unverzeihliche Eigenmächtigkeit des Piloten, entrüstete sich Reverend Highdove, der Geschwaderpfarrer. Er nahm den Piloten ins Gebet. Der Pilot beteuerte, Himmerod gar nicht überflogen zu haben. Der Pilot aus der Maschine, die mitgeflogen war, bestätigte es. Es half nichts. Reverend Highdove setzte die Abkommandierung beider Piloten durch, zusätzlich erhielten sie Startverbot. Es wurde wieder aufgehoben, als sie zugaben, an Himmerod mindestens vorbeigeflogen zu sein.

Das ist eine Geschichte, die zu denken gibt. Auf deutscher Seite erfuhr man davon aus dem Mund eines kurz danach abgeschossenen anderen Piloten. Er gab diese Geschichte bei seinem Verhör zu Protokoll, wohl um zu vermeiden, daß am Ende er in den Verdacht kommt, die Kirche zerstört zu haben. Nicht viel hatte gefehlt und er wäre von dem deutschen Offizier, der das Verhör führte, ein erbärmlicher Lügner genannt worden. Denn Tatsache ist, die Klosterkirche von Himmerod ist Ruine seit weit über hundert Jahren schon. Schließlich holte sich der Abt des Klosters bei dem Offizier die Erlaubnis, den Gefangenen mit auf sein Zimmer zu nehmen. Dort klärte er ihn in aller Ruhe auf. Guido fungierte als Dolmetscher.

»Hier irrt die Airforce und, verzeihen Sie, Captain, leider auch mein Amtsbruder Highdove. Nicht durch Bomben ist unser Gotteshaus ruiniert worden. Die Misere ist historisch.«

Damit begann der Abt. Es hörte sich an wie der Auftakt zu einem Kolleg. Ein Kolleg ist es auch geworden. Der Amerikaner, übrigens ein Maisfarmer aus den Great Plains, rieb sich die Augen, als er hörte, die Sansculotten, gottloses Soldatenvolk aus Frankreich, haben aus der Klosterkirche einen Pferdestall gemacht und eine Marketenderei. Hundertfünfzig Jahre war das her. Es ist die größte rheinische Barockkirche gewesen, das bedeutendste sakrale Bauwerk im ganzen Rheinland, über zwanzig Meter hoch, auf kreuzförmigem Grundriß, dreischiffig, mit einem gewaltigen Satteldach, obenauf saß ein schlankes, spitzes Glockentürmchen.

»Dachreiter, verstehen Sie, charakteristisch für unseren Orden. Und weil es ein Kloster war, hat Napoleon alles zum Abbruch freigegeben, Kirche und Konventgebäude. Napoleon I., Säkularisierungsedikt vom 9. Juni 1802.

Unter uns gesagt, Captain, was meinen Sie, wann ist dieser Krieg zu Ende? Ich trage mich nämlich mit dem Plan, die Kirche wieder herzustellen.«

Ganz erbaulich hatte der Abt auf einmal dreingeschaut, denn der Captain schätzte: nächstes Jahr.

Klauke verfolgt die Bewegungen Guidos schon geraume Zeit durch sein Fernglas. Anfangs schien es ihm, der Maler entferne sich mehr und mehr aus der kritischen Zone in Richtung Altenhof. Jetzt aber kommt er auf die Straße zurück und wendet sich nach links, hinunter zur kritischen Zone nach Himmerod. Die Überlegungen Klaukes haben bei seinen Auftraggebern als Planspiel überzeugt. Nun muß sich zeigen, ob sein Konzept den Erfordernissen der Wirklichkeit gerecht wird.

Um den Klosterbering sind eine gedachte Maximal- und eine Minimallinie gezogen. Sie grenzen die kritische Zone ab. Sie ist unterschiedlich breit. Ihrer Breite liegt ein Weg-/Zeit-Koordinatensystem zugrunde, aus dem sich ergibt, welche Zeit je nach Geländebeschaffenheit erforderlich ist, um noch Sicherheit zu gewährleisten, falls ein bewegtes Objekt die Maximallinie überschreitet. Die Minimallinie ist mit der Klostermauer identisch. Wo die Mauer entlang der Kyllburger Straße verläuft, ist die Sicherheit auf die Mauer reduziert, genauer gesagt, auf die schmale Tür, die dort gleich an der Straße in die Mauer eingelassen ist. Der Zeitplan sieht vor, zu Beginn des Ereignisses und bei seinem Abschluß die kritische Zone neutral zu halten. Als Guido auf die schmale Tür in der Klostermauer zusteuert, startet Klauke den Motor und fährt los.

Wer den Schlüssel zu dieser Tür hat oder wer die Stelle kennt, wo er gelegentlich versteckt liegt, kann schon hier in das Klosterareal eintreten. Bis hinunter zur Pforte ist es noch ein gutes Stück zu laufen. Als Guido noch zum Kloster gehörte, oder besser gesagt zum Lazarett, benutzte er meistens diesen Nebeneinlaß. Er führt in den kleinen Garten. Von da sind es nur noch wenige Schritte bis zum Konvent, dem damaligen Lazarett.

Schon ist Klauke heran. Er stellt den Wagen ein Stück unterhalb auf der Straße quer, als gelte es, sie abzuriegeln. An sich braucht Klauke nicht nervös zu werden. Er weiß, die Tür ist abgeschlossen, der Schlüssel steckt von innen. Er ist auch nicht nervös. Absperren, den Wagen querstellen, niemand mehr durchlassen, ist bei ihm Reflex. Die Frau, mit der er jetzt verheiratet ist, nennt es eine dumme alte Gewohnheit, mit der es sich am Ende wohl noch alles verdirbt.

Nach dem Krieg war sein erlernter Beruf nicht mehr gefragt. So hat er sich damit begnügt, Blumentöpfe herzustellen. Das war die Idee seiner Frau gewesen. Von Blumenpötten zu leben ist ein ehrenwertes Handwerk. Doch Klauke dachte nicht daran, als Zulieferer für Blumenliebhaber seine Tage zu beschließen. Tonzeugdilemma, so hatte er seine Lage bitter ironisiert. Einer seiner Kunden, ein distinguierter Rosenzüchter, hatte ihn, als die Zeit reif war, als Fachmann für Menschenführung empfohlen.

Dazu gehört ein Wagen, befand seine Frau. Sie verkaufte einen ihrer Äcker im Krufter Bimsland. Carl Borgward, mit seinem Hansa 1500 auf dem Genfer Autosalon 1949 wieder zu Ehren gekommen, war ihr reputierlich genug. Den Einsteckstutzen für den Stander, Sonderanfertigung auf Wunsch Klaukes, hielt sie für töricht. Das gibt Schwierigkeiten, befürchtete sie. Das ist wie wenn einer durch die Quarantäne schon durch ist und dann doch seine Pestilenz offenbart. Hinzu kam, daß man ihr sagte, also wissen Sie, neulich hat Ihr Mann sich mit dem Wagen auf der Straße einfach wieder quergestellt. Da hielt sie ihm vor, das könne ihn den Führerschein kosten und seinen Persilschein obendrein. Da beschwor sie ihn, nur ja endlich alles sein zu lassen, was ans Tageslicht bringen könne: er ist im Krieg bei denen mit Ringkragen, Kette und aufgeprägtem Adler gewesen, bei den Feldjägern.

Nun steht Klauke mit dem Borgward abermals quer. Er verbietet Guido, durchzugehen. Er fordert ihn auf, sich vom Kloster fernzuhalten. Sein Tonfall ist bestimmt:

»Man ist im Konklave«, sagt er und meint die Leute im Kloster, »rein kommt da eh' keiner heut.«

Seine Kinnbacken sind gestrafft. Er tippt aber dann doch an die Hutkrempe, weil Guido schon am Auto vorbei ist, und fährt weiter. Guido findet bestätigt, was Klauke angedeutet hat. Das zweiflügelige Tor des Pfortenhauses ist abgeschlossen. Er zupft daher am Klingelzug. Hinter dem Sprechfenster der Pförtnerstube paradiert eine Reihe flachleibiger Flaschen mit handgeschriebenen Etiketten: Himmeroder Kräuterlikör, 40%, klosterecht.

Vom Klingelzeichen alarmiert, merkt drinnen der Mönch auf.

So jemandem gradheraus zu sagen, man wünsche, beim Abt vorgelassen zu werden, wäre ebenso vergeblich wie an der Pforte des Vatikans zu läuten mit dem Begehr, den Papst sprechen zu wollen.

Guido fragt, was der Likör kostet, erhält aber keine Antwort. Er merkt an, das mit dem Likör sei ihm neu. Im Krieg habe es keinen Likör hier gegeben. Er, der Pförtnermönch, sei wohl noch nicht lange hier, sonst würden sie sich ja kennen. Der Mönch geht nicht im Geringsten auf Guido ein. Er öffnet nicht einmal das Fenster. In stummer Geste verharrt der Mönch, als sei hier ein Stein zum Torwächter bestellt.

Dabei befolgt er nur, was ihm und seinen Mitbrüdern auferlegt ist. Was nämlich das Sprechen betrifft. Die Ordensregel verlangt, sich allzeit im Schweigen zu üben. Zu reden kommt allein dem Meister zu. Dem Jünger ziemt es, zu hören und zu schweigen. Daraus folgt, ein Mönch, und sei es der Pförtner, erfüllt die Ordensregel, indem er schweigt.

Guidos zweiter Versuch. Er fußt auf einer noch intimeren Kenntnis der Himmeroder Verhältnisse. Er holt seinen Skizzenblock hervor. Auf dem Blatt entsteht unter den Augen des Mönches eine Welt aus Trümmern und Trauer: die drei Mauerstümpfe der Abteikirche. Dutzendware. Zahllos sind die Maler und Zeichner, die zu diesem Motiv schon Bilder abgeliefert haben. In allen Farben, allen Genres, für jedweden Geschmack. In Bauernstuben hängen sie, in Bürgerhäusern, in Dorfschänken, in Galerien. Auch wenn sie gut gemeint sind, geändert haben diese Bilder nichts daran, daß über die Zeiten hinweg diese Ruine eine Ruine geblieben ist. Und haben nicht sogar diese Bilder dazu beigetragen, daß die Welt sich mit dem Torso abgefunden hat, ihn für unantastbar, ja schon selber für ein Kunstwerk hält? Die Kunst als Perpetuierung des Unerwünschten.

Der Mönch trägt Brille. Falls er belesen ist, falls er von so Sachen einen Begriff hat, falls er nur im Entferntesten sich mit so etwas auskennt, kann ihm, was da unter seinen Augen wieder so ein Maler zu Papier bringt, gleichgültig sein. Ist es ihm auch.

Doch nicht lange. Denn der Mönch öffnet das Fenster. Leises Pfeifen geht ihm über die Lippen. Große Augen kriegt er.

Guido ist noch nicht fertig. Die Trümmer auf dem Blatt verwandeln sich. Mit traumhafter Hand überträgt er sie in eine andere Dimension. Nur die Spitze des rechten kleinen Fingers läuft über das Blatt, stützt die Hand. Strich um Strich wachsen die Konturen des alten, verlorenen Barockbaus. Leibhaftig entsteht in Kubus und Dekor die historische Substanz der Abteikirche, augenscheinlich ein Entwurf zu ihrer Wiederherstellung. Eine Vision nimmt Gestalt an.

Guido signiert das Bild.

Da läuft nun der Mönch. Das macht ihm Beine. Auf quietschenden Sandalen eilt er davon. Im Sonnenlicht blinzelt der grüne Likör.

In Himmerod ist heute Rüstzeit für Laien. Angesagt haben sich dieses Mal Architekten. Für ein paar Tage suchen sie Zuflucht in klösterlicher Abgeschiedenheit zu ihrer geistlichen Erneuerung. Kapazitäten wollen sich einfinden, auch solche aus dem Fach Sakralbau. Wenn Rüstzeit ist, bleibt im Kloster alles andere stehen und liegen. Besucher, wie sie sonst immer willkommen sind, haben dann kaum Zutritt.

Der Abt aber, der Abt läßt den Besucher bitten.

An der Tür des Konventgebäudes hängt ein Schild *Clausur kein Zutritt*. Nachdenklich kommt Guido über den Klosterhof daher, er sieht das Schild schon von weitem. Diese Tür war früher ausgehängt. In der Türöffnung hingen Decken und Zeltplanen, mehrfach hintereinander gestaffelt. Sie reichten bis zum Boden. So konnte man hinein und hinaus, ohne die Tragbahren jedes Mal abstellen zu müssen. Die Tücher hatten im Winter den besonderen Vorteil, es gab weniger Zugluft, weil sie hinter einem sofort wieder zufielen. Für viele der Verwundeten hätte Zugluft den sicheren Tod bedeutet.

Die schwere Tür öffnet sich, kaum daß Guido heran ist. Der Mönch, der ihn einläßt, nennt sich Vitus. Auch Vitus ist neu hier. Er trägt randlos blitzende Augengläser. Eigentlich ist es keine Brille. Eher sind es Aufseherlupen, mit denen er den Besucher durchdringend mustert. Ganz der Typus des Drillmeisters, schätzt Guido. Könnte der Exerzitienmeister sein oder der Novizenmeister. Guido spürt, sobald die Tür hinter ihm ins Schloß fällt, Vitus hat ihn im Blick.

Still ist es im Haus, ihre Schritte hallen. Kein Wimmern, kein Stöhnen ist mehr zu hören. Keine

Kommandos gellen. Ausgelüftet ist der Gestank. Es riecht nicht mehr nach Lazarett, Entlausungskabine, Filzstiefeln, Fußlappen, ranziger Margarine, Heißgetränk und Fischöl, Kohlsuppe und Rübensirup. In seinen Kleidern riecht Guido Blut, Äther und Verbandsmull. Wohl nie wird er den Geruch wieder los.

Zur Wohnung des Abts führt eine Treppe hinauf. Auf dem Flur vor der Abtwohnung hatte sich Horst Birtler damals entpuppt. Was wohl aus Birtler geworden ist?

Nach Bohnerwachs riecht es jetzt. Das ist der Wandel der Dinge. Wirklichkeit und Erinnerung klaffen auseinander. Das Stück ist abgespielt, nur die Kulissen stehen noch. Die Akteure sind von dieser Bühne abgetreten. Weggeräumt ist der Schutt der braunen Jahre. Abgeklungen sind die Turbulenzen von damals. Zu gern hätte Guido sich bei Vitus erkundigt, ob es den Birtler hier noch gibt. Diesen Birtler hatte Guido auf seiner letzten Fahrt nach Binsfeld kennengelernt, am 8. März, dem Tag des Frontübergangs.

LAUDES

Horst Birtler mit Seesack

Von Himmerod nach Binsfeld geht es durch den Wald, an den Fischteichen des Klosters vorbei über den Salmbach, dann den Anstieg zum Altenhof hinauf, von dort den Berg wieder hinunter nach Niederkail. Auf der nächsten Anhöhe liegt Binsfeld. Ein idealer Schleichweg ist das, wenn man unentdeckt bleiben möchte, zum Beispiel bei Flugwetter. Dann kommen die Jabos manchmal so tief herunter, daß man die Gesichter der Piloten unterscheiden, daß man an den Rümpfen die Nietenreihen zählen, daß man sie fast mit einem Stein erreichen kann. Zu glauben, mit einem Rotkreuzauto vor ihnen sicher zu sein, wäre barer Leichtsinn.

Am 8. März ist das Wetter trüb, tief hängen die Wolken. Es besteht keine Tieffliegergefahr. Guido zieht daher die offene Chaussee über Großlittgen vor. Auf ihr kommt er schneller voran. Er hat keine Zeit mehr zu verlieren. Die Front ist ein weiteres Stück zurückgenommen. Der Hauptverbandsplatz in der Binsfelder Schule ist aufgelöst. Heute Morgen ist nun auch der Stabsarzt aus Binsfeld in Himmerod eingetroffen. Alle Binsfelder Verwundeten seien evakuiert, hat der Stabsarzt erklärt. Das war sozusagen der Befehl, als Sanitäter Binsfeld nicht mehr anzufahren. Doch es stimmte nicht, was der Stabsarzt gesagt hat. Denn es fehlen noch die beiden ganz schweren Fälle. Guido kennt sie, gestern Nacht ist er zuletzt bei diesen Schwerverletzten gewesen.

Schwerverletzte werden zuallererst befördert, sofern sie überhaupt transportfähig sind. Die Entscheidung darüber, Triage genannt, ist bei weitem die schwierigste wehrärztliche Aufgabe. So hat er während seiner Sanitäterausbildung gelernt. Triage. Der Frater Basil, Küchenbruder in Himmerod, hat ihm mal eine Deutung dieses Fremdworts angeboten. Der Begriff ist der Kaufmannssprache entlehnt, er stammt aus der Kaffeebranche und bedeutet Ausschuß. Gemeint sind verrottete, als minderwertig aussortierte Bohnen.

Die allerletzte Fuhre von Binsfeld unternimmt Guido in seinem klapprigen Opel-Blitz, dem einzigen Verwundetenauto, das noch brauchbar ist. Es läuft auf Holzgas, Benzin gibt es eh' nicht mehr. Die Gasanlage ist seitlich hinter der Fahrerkabine montiert, ein hoher, geschlossener Metallzylinder, in dem Holz verglost wie in einem Kohlemeiler.

Die Frontlinie verläuft durch Niederkail. Hier überholt Guido auf der Dorfstraße einen rasselnden Dunghaufen. Ein Panzer, den sie mit Stallmist getarnt haben. Seitwärts schiebt der sich durch die Gärten ins Vorfeld. Ältere Männer aus dem Dorf in scheckigen Uniformen sind damit beschäftigt, die Straße zu verbarrikadieren. Sie versuchen, Guido aufzuhalten, ihm klarzumachen: hat doch keinen Sinn mehr, Junge, nicht weit hinterm Dorf sitzt schon der Ami. Guido drückt sich an ihnen vorbei, bevor die Strecke ganz blockiert ist.

Jeder Soldat, der in Gefangenschaft gerät ohne verwundet zu sein und ohne nachweislich bis zum Äußersten gekämpft zu haben, hat seine Ehre verwirkt. Wissen alle. Höchster Befehl. Der Offizier, der hier die Leute befehligt, reißt hoch und schießt dem Sanitätsauto hinterher. Die Hecktür springt auf. Bis nach Binsfeld schlagen die beiden Türflügel auf und zu.

Gespenstisch ist, durch ein Dorf zu kommen, das zwischen den Fronten liegt. Wände und Dächer sind aufgerissen, schief hängen Treppen, Zimmerböden,

Futtertennen heraus. Über die Straße liegen Dachziegel und Mauerbrocken und Glasscherben verstreut. Es riecht nach Tod, süßlich, das müssen Tierkadaver sein. Fensteröffnungen sind mit Brettern und Pappe verrammelt. Niemand zu sehen. Und doch – ein paar Leute sind noch da. Gespenstisch ist so ein Dorf.

Jakob Plein, Marthas Opa, erwartet Guido an der Schule. Gestern hat Guido dem alten Plein versprochen, noch einmal zu kommen.

Horst Birtler strafft den Knitter seiner Uniform, als für ihn feststeht, draußen ist ein Auto vorgefahren. Seine Uniform ist dreckverkrustet. Er kratzt und schabt daran, bis wieder leidlich Blau zum Vorschein kommt. Eine Marineuniform.

Zwei Männer betreten den Schulsaal. Sie kümmern sich um die beiden Verwundeten. Einer lebt, der andere nicht mehr. Den, der noch lebt, nennen sie Klaus. Eng in Decken eingerollt liegt er, ein kurzes, handliches Bündel nur. Beide Beine amputiert. Immerzu wimmert er. Klaus erhält von dem jüngeren der beiden Männer, einem Santäter, zwei Injektionen, Morphium und Blutplasma. Die Spritze mit dem Plasma, sagt der Mann, trage er schon seit Niederkail in der Achselhöhle, um das Serum auf Körpertemperatur zu bringen. Als das Morphium anschlägt, tragen sie Klaus hinaus und betten ihn ins Auto. Den Toten begraben sie. Unter dem Fenster des Zimmers, in dem bis vor kurzem noch operiert wurde, liegt ein Haufen abgetrennter menschlicher Gliedmaßen. Der Jüngere, der Sanitäter, geht dann noch ins Dorf. Der Ältere bleibt am Auto. Gut, daß es der Ältere ist, denkt Birtler.

Birtler war allein unterwegs mit großem Gepäck, einem dicken Seesack. Von Frankreich herauf, von Brest, lief er vor den Amerikanern her. Immer wieder haben sie ihn fast eingeholt. Tagsüber hielt er sich versteckt, nachts traute er sich heraus und lief und hetzte und machte, daß er ihnen entkomme. Immer schneller rückten sie jetzt vor. Immer schneller mußte er jetzt laufen. Ausruhen konnte er kaum noch. Lange würde er das nicht mehr durchhalten. Heute Morgen nun vor Tau und Tag, da kam er hier her und draußen steht jetzt ein Auto. Es ist ein Auto mit rotem Kreuz – freie Fahrt!

Obermaat der U-Bootwaffe, sagt er draußen zum alten Plein. Er hätte gern gewußt, wohin die Reise geht, fragt er den Alten. Himmerod, antwortet Plein, der sich nicht erklären kann, wie da jetzt so einer noch rumläuft, ein Matrose.

Was das für ein Kaff ist, wie man da hinkommt?

Birtler hält ihm eine Karte vor. Plein zeigt es ihm: Kloster Himmerod.

Da sitzt Birtler schon hinter dem Steuer und fährt los. Hält aber noch an, stößt ein Stück zurück, als er sieht, der Sanitäter kommt gelaufen, und läßt Guido durch die offene Hecktür aufspringen. Der Verwundete liegt stumm. Er ist mit Bandagen fixiert. Durch den Verband sickert Blut. Der Puls geht schwach, die Herzfrequenz ist normal. Guido öffnet den Schieber in der Trennwand zur Fahrerkabine, um nachzusehen, wer da am Steuer sitzt und wohin die Fahrt geht. Birtler orientiert sich nach der Karte, sie liegt ihm auf den Knien. Binsfeld hat er in östliche Richtung verlassen. Er fährt ohne Hast, vermeidet jede Erschütterung. Unebenheiten, keine Seltenheit auf dieser umkämpften Straße, weicht er aus, indem er seitwärts über die Wiesen ausholt.

Unbehelligt hätte Birtler die deutsche Linie in Niederkail passieren können. Die Soldaten dort kennen das Auto ja. Vorhin war es ihnen durchgewitscht. Aber da kommt es schon wieder zurück, also doch kein

Überläufer. Niemandem wäre eingefallen, nochmals zu schießen. Doch Birtler folgt seinem Instinkt und biegt vorher nach links ab. Die Brücke über den Kailbach ist gesprengt. Unnötigerweise. Das Wasser ist so seicht, daß er mühelos durchkommt. Es ist der von Guido bei Flugwetter bevorzugte Schleichweg über den Altenhof, von hier aus der kürzeste und sicherste Weg nach Himmerod, eine schmale, kiesige Steigstrecke. Der Wagen verschwindet unter dunklen Fichten, das Astwerk der Bäume überwölbt ihn. Im holprigen Einerlei der Fahrt rollt der pralle Seesack auf dem Beifahrersitz hin und her.

Nachdenken über Martha.

Vorhin im Flur sagte ihre Mutter, bevor sie Guido einließ: »Es ist nicht gut, daß du nochmals kommst, falls du vorhast, nicht zu bleiben und nachher wieder weggehst. Meinen Mann, käm' er zur Tür herein so wie du jetzt, ich würde ihn halten, ganz fest würde ich ihn halten und ihn nicht mehr loslassen.«

Martha und er. Sie nimmt ihn immer sofort an sich, wenn er kommt. Und er stürzt in einen Wirbel, in einen Taumel, in ein Karussell. Und sobald es stillsteht, ist es wie früher daheim, wenn über Nacht Schnee gefallen und draußen alles weiß und entrückt ist, die Gärten, die Bäume, die Wiesen, die Leute, die Welt. In die weite, gedehnte Stille hinein sagt Martha dann meistens, was sie für wesentlich hält.

Vorhin sagte sie, du bist doch, nicht wahr, Maler. Du mußt sie malen, diese Menschen. Ihre Lust, totzumachen und zu zerstören. Immerzu mußt du diese beschämende, diese gräßliche Blutspur malen, damit hinterher niemand auf die Idee kommt, sie auch diesmal wieder als eine Ruhmestat auszugeben.

Martha hat ihm gesagt, sie möchte, wenn alles vorbei ist, nach Wittlich aufs Gymnasium zurück, das Abitur machen und, falls das Schicksal mitspielt, studieren.

»Wenn aber dem Vater draußen was passiert, bleib ich daheim. Ich kann Mutter auf dem Hof nicht allein zurücklassen. Und du Guido, flieg! Mein Vater ist im Krieg, Maikäfer flieg!«

Im Grunde genommen hat Martha schon begonnen, zu studieren. Jakob Plein hat ihr geraten, schon jetzt zu studieren, gerade jetzt: was um uns geschieht, nimm es nicht als selbstverständlich hin. Die Ereignisse kommen nicht von ungefähr. Führe sie auf Ursachen zurück, auf Verursacher und du hast, was du brauchst, um dich im Leben auszukennen.

Daß sie aufs Gymnasium gekommen ist, verdankt sie auch ihrem Opa. Plein ist ein Bauer, der die Nase immer im Wind hat. Schon früh hat er versucht, den Dingen auf den Grund zu kommen. Nur Bauer sein ist ihm nicht genug. Er ist achtundsiebzig, er trägt an der Mühsal seiner Jahre. Auch gewonnene Kriege, so hat er gefunden, sind verlorene Kriege. Einen hat er als Kind erlebt, einen in Flandern und diesen hier daheim. Er hat Bücher zusammengetragen, Standardwerke, Dokumentationen, Flugschriften, Biographien. Englische sind darunter und französische. Martha ist schon so weit, sie kann sie lesen und hat sie gelesen. Diese Bücher würden ihn den Kopf kosten, jedes für sich allein, käme wer dahinter. Martha hat so helle, so wache Augen wie ihr Opa und um Nase und Mund genauso sanfte Züge wie er.

Es ist Zeit, sagte sie, da wiegte ihr Körper in der halbdunklen Küche noch über ihm. Da orgelte es wieder über dem Dorf. Da wiegte, da wiegte sie immer noch. Rund kurvte ihm alles im Kopf, so als flög' er auf einem Karussell. Taumel wie Achterbahn. Jäh war der Blitz dazwischengefahren, berstender Schlag von draußen, aufflammende Wände, das Treppenhaus fiel zusammen. Volltreffer!

Du mußt jetzt wirklich gehen, hat sie als allerletztes zu ihm gesagt, sonst ist es auch für dich zu spät.

Oben im Hasenberg. Es gibt einen Ruck und das Auto steht.

Wie, wenn es ein Holzweg ist, auf dem er sich befindet? Birtler hatte ganz vergessen, den Alten in Binsfeld zu fragen, ob denn das Kloster Himmerod überhaupt noch ein Kloster ist. Es gibt viele Klöster, die noch Kloster heißen, aber längst keine mehr sind. Stehen leer, existieren nur noch als Ruinen, bleiben aber auf den Landkarten als Klöster verzeichnet.

Birtler überschüttet Guido mit Fragen. Ob Kloster Himmerod noch bewohnt ist? Mit Mönchen? Ob den Mönchen dort ein geschlossenes Haus zur Verfügung steht? Eine Klausur? Was sie für einen Abt haben – einen strengen oder einen weichen oder einen schrulligen? Oder vielleicht einen frommen, gar einen verteufelt frommen?

Guido zeigt auf den Verwundeten.

»Es gibt dort ein Lazarett. Ich schlage vor, wir machen, daß wir weiterkommen, sonst stirbt uns der Kamerad noch.«

Für Birtler ist das keine Antwort. Eine Schneise bietet sich an, er legt den Rückwärtsgang ein, will wenden. Erst als Guido ihm ehrenwörtlich versichert, ja, auch eine Klausur ist vorhanden, fährt Birtler weiter. Vor ihnen liegt die Altenhofer Blöße. Birtler läßt sich darauf nicht blicken, schlägt wieder einen weiten Bogen.

Die Blutung bei Klaus läßt nicht nach. Ganz durchtränkt ist die Wolldecke am unteren Ende. Guido nimmt sie ab, auch den Verband und die Mulleinlagen. Die Gurte, mit denen oberhalb der offenen Wunden das Blut abgebunden ist, stellt er noch enger. Da reckt Klaus den Kopf, starrt auf seine Beinstümpfe. Im Delir spricht er mit seiner Mutter, klagt, ihm fehlen die Beine. Bejammert seinen Zustand, will von ihr wissen, wo sie denn liegen, seine Beine, wie er sie wiederbekommt, wenn es soweit ist. Er fiebert und fantasiert religiös. Wie denn auferstehen, Mama, ohne Beine – zum jüngsten Tag?

Wäre Birtler einfach über die Altenhofer Blöße gefahren, hätte er sich einen Schrecken erspart. Auf dem Umweg, den er durch den Wald nimmt, um unsichtbar zu bleiben, ist es bei vollem Lenkereinschlag nach rechts passiert: Amerikaner halten ihn an, Schnellfeuergewehre im Anschlag, erdig verschmierte Gesichter, Mienenspiel nicht zu erkennen.

Dieser Birtler. Wäre es nach seinem Plan gegangen, er säße schon längst am Rio de la Plata. Dort hatte er Quartier bestellt. Erreicht haben diesen rettenden Platz schon viele vor ihm. Im Bauch eines Riesenfisches sind sie unter Wasser entkommen und am siebten oder zwölften Tag aus dem Maul dieses Fisches drüben an Land wieder ausgespien worden. Unternehmen Jonas. Rekurs genommen auf die Bibel. Sie verstanden es als praktische Nothilfe, als Handbuch für Leute, die untertauchen müssen.

Aus der Reise Birtlers nach Argentinien ist nichts geworden. Das Unterseeboot, stolz, stattlich und vollproviantiert, mit dem er hinüber wollte – das letzte übrigens, das noch zu haben war im Hafen von Brest – ist, kurz bevor er auf wippendem Steg an Bord gehen wollte in Schieflage geraten und stracks abgesoffen. Sabotage, kein Zweifel. So ist seine Flucht dann in umgekehrter Richtung verlaufen, zurück ins Reich. Die U-Bootmontur hat er anbehalten und sich dazu passend Bartstoppel stehen lassen. Bis herauf in die Eifel ist daraus ein Vollbart geworden. Er meint, das wäre für ihn von Vorteil. Ein Seebär am Steuer eines Sanitätsautos im Eifelwald zwischen Kailbach und Salm. Mit aus der Faust gestrecktem Daumen zeigt Birtler über die Schulter nach hinten. Die Amerikaner sehen dort nach.

Guido braucht nicht auszusteigen, muß auch nicht die Hände hochnehmen, darf sitzen bleiben und weitermachen. Rohe Beinstümpfe, blutige Knochenenden liegen frei. Ein verstümmelter Mensch liegt da, ein Soldat wie diese GIs. Für einen Moment hält der Krieg inne. Die Amis senken ihre Gewehrläufe. Sie schauen ihm zu, wie Guido frischen Verband anlegt. Sie nicken und lassen die Deutschen weiterfahren.

Wann hat Guido gemerkt, daß er nicht gefangen ist? Als das Auto weiterrumpelte, als zwischen ihm und den Amerikanern der Abstand immer größer wurde, als ihre Gewehre unten blieben? Birtler ist einfach weitergefahren.

Vorausabteilungen verfügen über Funk, weiß Birtler. Was, wenn die Amis von vorhin nicht bloß ein Erkundungstrupp sind? Was, wenn es in diesem Wald von Amerikanern schon wimmelt? Und daß es wimmelt, weiß Birtler. Da genügt eine Durchsage und hinter der nächsten Wegbiegung stehen andere, die dann zugreifen, die ihn dann packen, die sich ihn holen.

Birtler legt einen Gang zu. Hinunter ins Salmtal nimmt er kein bißchen Gas weg. In die heikelsten Kurven fährt er wie geradeaus. Er riskiert eine Menge. Rechterhand im Wiesental, endlich, sieht er die Abtei. Der Schornstein raucht und es läutet zum *Converte nos*. Im Umgang mit Klöstern ist er geübt.

Daheim im Teutoburger Wald kennt Birtler alle Klöster, außen wie innen. Sein Vater hat keine Familienrüstzeit ausgelassen. Wo immer Gelegenheit dazu war, gab er seine Kinder in geistliche Obhut. Jedes Mal eifernder Glanz um die Augen, wenn es wieder soweit war und er sagen konnte: Auf Kinder! Zur Rüst! Innigster Wunsch des Vaters war gewesen, selber im Kloster zu leben. Von diesem Wunsch ist ihm geblieben, mehrmals im Jahr wenigstens eine Woche abseits vom Treiben der Welt innere Einkehr zu halten, zu singen, zu beten und den fünf Kindern vorzuleben, wie schön, wie leicht, wie gottgefällig es ist, klösterlich zu sein. Kost und Logis bei den Mönchen zu nehmen hat die Mutter jedes Mal wie Urlaub empfunden. Zu beten ist ihr leichter gefallen als zu kochen.

Birtler junior kennt sich aus in Klöstern. Für Labyrinthe aus halbdunklen Fluren, Stiegen, Winkeln spürte er schon früh einen Hang. Unwiderstehlich sind ihm Mönchszellen, hohe Säle mit vollen Bücherregalen, hierarchische Sitzordnungen, Kapuzenmänner in hölzernem Gestühl, die hymnisch singen, im Gleichklang der Stundengebete verharren.

Nachts, oh Gott nachts! Nichts ist aufregender gewesen, als nachts durch ein Kloster zu geistern und draußen an Fischgewässern ausgelegte Netze zu heben, an Angelruten zu ziehen, im Mondlicht blitzende Forellen sich an Land zu holen.

Und erst die Äbte. Keinen hat er ausgelassen. In ihre Zimmer ist er gegangen, hat sich zu ihnen gesetzt, sie in Gespräche gezogen und sie dies und jenes gefragt. Von einem Abt die Hand aufgelegt zu bekommen, die Hand mit dem Bischofsring, oder von ihm auf die Stirn bekreuzigt zu werden, das ist Horst immer vorgekommen wie eine Begegnung mit Gottvater. Strenge Äbte gibt es, weichherzige und schrullige. Frommen ist er auch begegnet. Einer dieser Äbte, was nun den angeht, zu Späßen hat der sich hinreißen lassen. Lachen konnte der, herzlich lachen. Dem hat Horst die prächtigsten Exemplare seiner nächtlichen Fischzüge gebracht. Mit dem zusammen hat er die Fische gekehlt, ihnen die Schuppen geschabt, sie ausgeweidet, sie gesotten oder geschmort, zerlegt, entgrätet und gemeinsam verspeist. In aller Vertraulichkeit.

Dem sicheren Ort schon nah, seine Verfolger dicht hinter sich, verläßt Horst Birtler den festen Weg. Den Wagen reißt er herum, direkt auf die Abtei zu. Nicht hinten über die Brücke, durch eine Furt, durch die Viehtrift kreuzt er den Salmbach und hält quer durch die Auwiesen auf die Klostermauer zu. Ein Seitentor steht offen. Der hohe Kastenaufbau wankt. Im Auto fällt alles durcheinander.

»Halt«, ruft Guido, »Der Wagen schlägt um!«

Den Verwundeten hat er, um ihm die härtesten Stöße zu ersparen, schon oben im Berg von der Bahre abgeschnallt und das halbe Stück Mensch auf die Arme genommen. Breitbeinig steht er mit federnden Knien. So balanciert Guido ihn. Beim Schwenk durch das Bachbett konnte er der Bewegung des Fahrzeugs noch folgen und den Schwung abfangen. Jetzt aber hat er kein Gleichgewicht mehr, taumelt, schlägt nach rechts und nach links immer wieder mit seiner Last an.

»Anhalten!«, ruft er verzweifelt, »Halt doch an!«

Noch im Vorfeld der Ummauerung nimmt das letzte Verwundetenauto des Lazaretts Himmerod eine Kurve am Rand eines der Fischteiche zu eng. Schiefe Ebene. Es gleitet ab in die Böschung, platscht ins Wasser, taucht unter. Navigation ungenügend. Ohne direkte Feindeinwirkung Schiffbruch erlitten. Gesunken auf der Reede von Himmerod. Aus der Holzfeuerung zischt und stiebt kohliger Dampf.

Später meldet sich ein Obermaat bei einem der Ärzte im Lazarett und gibt an: bin Offizier. Da der Mann nicht verwundet ist, befiehlt ihm der Arzt, sich als Krankenträger einzureihen, mitanzupacken und zur Verfügung zu bleiben. Jeder wird gebraucht. Die Front bei Niederkail ist zurückgenommen. Es droht die Einschließung Himmerods.

»Wir müssen raus hier. Wir räumen!«

Guido tritt hinzu mit dem letzten Verwundeten aus Binsfeld.

»Der Mann ist tot«, befindet der Arzt, »Lassen Sie's gut sein.«

Mit seinem Gespür aus Kindertagen findet Birtler rasch die Abtwohnung. Eine Treppe rauf, erster Stock – das kennt er. Hinein in die Wohnung kann er nicht, der Bruder Basil verwehrt ihm den Eintritt. Birtler sagt, er wünsche mit dem Abt zu sprechen. Er wolle der Welt entsagen, Buße tun, die Kutte nehmen. Basil setzt einen Fuß vor, versteift seine Haltung. Da übergibt ihm Birtler eine Pistole und drei kleine, wasserhelle Kapseln: Zyankali – froh, das Zeug endlich los zu sein.

Keine stramme Geste, kein herrischer Ton. Kopf gesenkt, Augen niedergeschlagen, so steht Birtler, Arme hängen schlaff. Nicht zu sprechen, zu beichten wünscht er. Bruder Basil trägt das Skapulier horchgeschürzt, den ganzen Tag hat er beim Operieren assistiert. Er klickt den Patronenstreifen aus der Pistole, wirft Waffe und Munition durchs Fenster. Die Giftperlen, eine nach der anderen läßt er fallen, zerknirscht sie unter seinen Sohlen. Keinen Deut weicht er von der Tür, nicht mal, als diese sich von innen einen Spalt breit öffnet.

»Da schau her, was da wohl drin ist?«, ruft Basil zu Guido, der mit Birtlers Seesack den Gang herankommt.

»Apfel, Nuß und Mandelkern wie bei Knecht Ruprecht?«

Guido, so ist er. Auf der Wasserfläche des Teichs, in dem der Sanitätskraftwagen gelandet war, kreiselten noch die Wellen. Obenauf schwamm der Seesack wie ein großer, qualliger Kork. Über die Wiesen zogen Dunstschleier, kündigten den Abend an. Von der Höhe herunter begann auf einmal aus Kanonenschlünden der Krieg zu lärmen. Die Klosterkirche, schon immer eine Ruine, paßte in diese Akustik. Durchnäßt wie er schon war, ist Guido nochmals ins Wasser gegangen und hat den Sack an Land geholt.

Und öffnet ihn jetzt im Beisein von Birtler und Basil. Und leert ihn aus. Obenauf liegen eine Wolldecke und eine Tarnplane. Darunter kommt eine grauschwarz gefleckte Uniform zum Vorschein, Runen sind aufgestickt.

»Sturmbannführer«, kommentiert Bruder Basil, »Major der Waffen-SS.«

Dann kullern Konservendosen heraus mit Schokolade, Keksen, Sirup, Pökelfleisch.

Ganz unten findet sich ein lederner Beutel. Er ist halb so groß wie der Seesack und gefüllt mit Zähnen, lauter Zähnen. Ausgebrochene Goldzähne.

»Der finstere Tronje Hagen, ein Nibelungenschatz *zu Himmerod bey der Salme*!« wagnert Basil.

Was Birtler denen auf dem Flur vor der Abtwohnung damals zu bedenken gibt, ist dies:

»Ihr könnt mich doch nicht denen da draußen überlassen. Ich habe sie gesehen, lauter nette Leute sind das, verteufelt nette Leute. Drüben am Waldrand stehen sie mit kleinen, putzigen Feuerspritzen im Anschlag. Schon auf Schußweite sind sie heran, schon auf dem Sprung ins Kloster. Da könnt ihr doch nicht sagen ›raus hier, nix zu machen, raus hier‹. Wo bin ich denn? In der Eifel, der Eiflia sacra unter Christen oder bei Unmenschen? Du – unter denen da draußen sind Wilde. Denen könnt ihr mich doch nicht ans Messer liefern!«

Der Bruder Basil scheint entschlossen, es zu tun. Mit vor sich ausgestreckten Armen tut er einen energischen Schritt auf Birtler zu.

Der Abt aber, der Abt im Türspalt, der Abt läßt Birtler bitten.

PRIM

Das blaue Licht der Eifel

Bei jedem Schritt quietschen die Sandalen des Mönchs Vitus, der Guido zum Abt hinaufbegleitet. Sie gehen barfuß in ihren Sandalen, die Mönche. Viele tun es auch im Winter, den ganzen Winter hindurch. Das will viel heißen. Im Winter gibt es für die Mönche im Kloster nur eine geheizte Stube. Dorthin kommen sie und wärmen sich auf und gehen wieder und kommen und gehen, die jüngeren seltener als die älteren. Die jüngeren üben sich noch im Ideal der Vollkommenheit. Die ehrwürdigen Meister Benedikt und Bernhard haben es vorgelebt und allen zur Regel gemacht. Bruder Basil will herausgefunden haben, den Ordensgründern habe das Ideal der kriegerischen Spartiaten vorgeschwebt. Sich von Kind an körperlich zu härten, sich bis zur Fühllosigkeit zu stählen.

Oben im Flur, der zur Abtwohnung führt, bleibt Guido stehen. Durch die hohen Fenster geht sein Blick über die ganze Klosteranlage. Er schaut über die Wiesen, die Weiher, die Gärten. Im Wasser der Teiche spiegelt sich die Bergflanke des Hühnerkopfs. Bunter Laubwald im Herbst, sattrote Punkte dazwischen, wie Rubintupfer prangen die letzten Dolden der Eberesche. Einzige Bewegung in diesem Bild ist ein Mann. Auf der Dammkrone eines der Fischteiche hantiert er. Es scheint, als reguliere er den Schieber am Stauwehr.

Weiter hinten linkerhand schlängelt sich zum Osttor der Klostermauer, der sogenannten Leichenpforte, und von da exakt zweihundert Schritte waldeinwärts ein schmaler Pfad zum Lazarettfriedhof. Dort erhebt sich aus noch niedrigem Buschwerk ein Holzkreuz. So stelle er sich Pestkreuze vor, hat Bruder Basil ihm gesagt. Mit Basil hat er dort drüben die Gräber ausgeschaufelt, zuletzt auf Vorrat für jeweils zwei Wochen. Tag um Tag sind es mehr und mehr Tote gewesen, die sie dort beerdigt haben. Klaus Lamberti, sein Soldbuch ist erhalten, war der letzte.

Eine Art Pestkreuz sei es, so hat Basil gesagt, weil strengem Edikt zufolge Seuchentote außerhalb der Mauern zu beerdigen waren. Wenigstens zweihundert Schritte außerhalb, zweihundert ausgreifende Schritte sei das Mindestmaß für das Austragen Pesttoter gewesen. Aus einem Regal der Klosterbibliothek hat Basil den Folioband mit diesem Edikt gegriffen und ihn Guido gezeigt, ein Buch in lateinischer Schrift. Basil, Laienbruder, der in der Küche zu tun hat, übertrug es ihm recht flüssig ins Deutsche. In Basils Zelle sind Regale mit Büchern und Schriften gefüllt, die zu besitzen und zu lesen der Ordensregel widerspricht. Deswegen weiß er auch so manches, was zu wissen ihm eigentlich nicht zukommt.

Rostrot. Ha! Und rostrot leuchtet nun hinter schon abgeblättertem Holunder auch das Auto mit dem Genfer Kreuz. Triumph des Banalen. Aufgebockt ist es, eine Schrottlaube. Am Einstieg angelehnt, eine Hühnerleiter. Guidos *Sanka*. Nicht den Fischen im Teich, dem Federvieh des Bruders Gärtner dient er jetzt zum Pläsier. Eigentlich gehört er ins Museum: Opel Blitz mit Holzgasantrieb, Haupttransportmittel der deutschen Sanitätstruppe im Zweiten Weltkrieg.

Der Mann draußen auf der Dammkrone hantiert ziemlich unwirsch. Er ruckt mehrmals am Gestänge. Offenbar sitzt der Schieber fest. Wenn er klemmt, sich nicht heben läßt, droht Rückstau. Überschwemmung kann es geben, wenn in diesem System ein Abfluß verstopft ist. Ein dünnes Rinnsal speist die fünf Teiche der Himmeroder Fischwirtschaft. Ein Stück oberhalb zweigt es vom Salmbach ab. In den obersten der stufig angelegten und durch Schleusen miteinander verbundenen Teiche mündet es ein. Aus dem untersten findet es wieder in die Salm zurück.

»Der Hecht von Himmerod, das wär' ein Spaß, wenn's das wieder wär' – wissen Sie, wie es mit diesem Hecht gewesen ist?« fragt Guido den Mönch Vitus.

Der Mönch geht weiter.

»Das war ein Hecht«, ruft Guido ihm nach, »ein so unglaublicher Hecht, daß alles, was über Hechte bekannt ist, dagegen ein Klacks ist. Sie kennen die Geschichte vom Hecht im Himmeroder Karpfenteich wohl nicht, sind ja noch nicht lange hier.«

Was die Klosterchronik über den Hecht verzeichnet, ist nur die halbe Sache.

Hier ist sie ganz:

Ein schmales, flinkes Hechtlein ist's gewesen, hat Karpfen nachzustellen nicht im Sinn gehabt, weil Anderes bequemer zu erhaschen war im Abflußrohr aus der Klosterküche. Hechtlein hat sich daran gütlich getan, Tag um Tag, Jahr um Jahr, bis es schließlich dick und fett auf einmal im Rohr festsaß wie ein Pfropf. Da steckte es, flossenlahm, bewegungslos, kam nicht mehr fort – und fraß einfach weiter. Hechtlein, Hechtlein, so ist aus dir ein Hecht geworden, ein Hecht, wie es noch keinen gab. Vierundzwanzig Kilo lebend.

Der Bruder Teichwirt, dreimal tief untergetaucht ist er, dreimal außer Puste kam er, bis er den Pfropf gelöst hatte, schadlos, keine Schuppe fehlte. Heikel, mit solcher Last am Arm an Land zu schwimmen. So ein Prachtstück aber für die Tafel herzurichten, es zu würzen, mit Füllsel anzureichern, zu dünsten, auf einem Silbertablett es zu servieren – kein schönerer Tag als der. Und solchen Fisch zu kosten, so feist, so zart, so gaumenfein, für den Konvent war es ein Festschmaus, wie noch keiner zuvor. Bei Kerzenschein, mit Moselwein, Glockenklang.

Halleluja! Amen!

Der Mönch Vitus bleibt nun doch stehen. So jung, wie es zunächst schien, ist er nicht. Er kaschiert, was ihn älter macht, als er sein möchte. Sein Äußeres ist wie ein Aufriß auf Millimeterpapier, sein Gesicht ein Aufmaß aus Nüchternheit und Strenge. Anekdotisches hat da keine Relevanz. Klosterhistörchen verfangen nicht. Nur das Faktische zählt, das Notwendige.

Sobald Guido heran ist, erfährt er von Vitus, wie ungelegen sein Besuch ist.

»Der Abt ist sehr beschäftigt, wir erwarten Gäste – gebetene Gäste. Zehn Minuten, länger ist der Abt heut nicht zu sprechen. Fassen Sie sich drinnen kurz!«

Gern hätte Guido noch gefragt, ob es den Bruder Basil hier noch gibt. Gebetener oder ungebetener Gast, gleichviel, Guido ist so frei, er deutet zum Fenster hinaus und stellt die Frage, wer das da drüben ist.

»Den Fischmeister, unseren Teichwirt, ach so, den wollen Sie sprechen, den Bruder Jonas.«

Der Mönch lockert auf, scheint erleichtert.

»Kommen Sie, ich bringe Sie gleich rüber zu ihm.«

Doch im Türspalt, im Türspalt steht, im Türspalt wartet schon der Abt. Seine Arme breitet der Abt aus und zieht Guido zu sich ins Zimmer.

Drinnen ist alles wie damals. Dieselbe Tapete klebt an der Wand. Aus dem Bilderrahmen schaut derselbe Papst. Auf dem Panel stehen immer noch dieselben sieben Bücher, immer noch sind sie ihrer Größe nach aufgereiht. Wie eh und je plüschbezogen ist das Sitzmöbel. Unverändert der Wand zugekehrt unter dem Kruzifix steht der gepolsterte Betschemel aus

Rosenholz. Auch liegt das Brokatdeckchen mit violettem Palmmotiv noch auf dem Tisch, einziger Schmuck in diesem Zimmer.

Ob auch das einstige Ritual noch gilt?

Hast Du mir was zu beichten, mein Sohn? – war jedes Mal die Frage des Abtes gewesen, wenn Guido dieses Zimmer betrat.

Ja – hatte Guido jedes Mal geantwortet, obwohl zu beichten nicht seine Art ist.

Ja – war noch auf der Türschwelle jedes Mal seine Antwort gewesen, ich bekenne, dass ich male. Ich bin Maler, das bekenne ich.

So so, du malst also immer noch – hatte der Abt stets aufs Neue bedauert und sich die Stola des Bußsakraments umgelegt. Dann wünschst du also die Absolution, ich spreche dich hiermit los, *ego te absolvo*. Womit zwischen ihnen alles wieder zum Besten stand. Nichts war dann noch übrig von alledem, was in dieser Welt einen Abt, der ein Mann im Rang eines Bischofs ist, von einem Künstler trennt, von einem Bohémien.

Was, wenn er mir nun wieder die Beichte abverlangt? – überlegt Guido. Mich als Maler weiterhin lossprechen zu lassen nach all der Zeit, nach allem, was dazwischen liegt? Nein. Diesmal wäre mehr zu bekennen, als nur zu sagen, ich bin Maler. Heute würde der Abt erfahren, was es ihm bedeutet, Maler zu sein.

Das Clairobscur, das Helldunkel. Fast vierhundert Jahre hat es die Malerei beherrscht, von Leonardo bis Courbet. Alle bunten Farben sind zu einem Gesamtton verschmolzen. Der Maler, der die Herrschaft des Helldunkel gebrochen hat, Matisse, ein Adept der Finsternis, war der erste Lichtmaler. Seitdem sind Licht und Farbe eins. Seitdem ist eine einzige Farbe ausersehen, Kosmos zu sein. Blau. Gebrochen und tonig gemalt haben es die Blauen Vier: Kandinsky, Klee, Jawlensky,

Feininger. Das ist die neue Wahrheit. Eine Wahrheit ist das, die ihn, Guido, Sanitätssoldat, der die rote Farbe des Bluts gegen das Weiß der Verbände unter dem blauen Licht der Eifel gesehen hat, nicht mehr losläßt. In New York ist er Feininger begegnet, leibhaftig dem, und hat dessen Bild *Gelmeroda II Dorf in Thüringen* gesehen. Lichtvoll transparente Farbflächen sind zum Bildraum geschichtet und in ein Gerüst von Horizontale und Vertikale gestellt. Seitdem weiß er, ins Blau muß er zurück, einzig ins Blau, in sein Blau, in die glasharten Linien der Himmeroder Idylle. Zerstäubte Pappeln, rissiger Mond, Sterne klirrend.

Gelmeroda Himmeroda.

Zu beichten hätte er jetzt, falls es darauf ankommt: Freunde, hört es, auch ihr in der Kutte. Ich bin auf dem Weg. Unterwegs bin ich in die breiige, pastos aufgetragene Wahrheit. Mich lossprechen kann nur sie!

Guido muß sich wundern. Sein Entrée beim Abt verläuft ohne bußsakramentales Vorspiel. Profan zieht ihn der Abt über die Türschwelle herein, wackelt ins Zimmerinnere voraus, streicht einladend die gelbstichige Plüschbespannung des Sessels glatt, ein Mensch von pyknischer Natur, von milder Wesensart, bescheiden. Eckig und verlangsamt sind seine Bewegungen.

Guido bringt ihm Drops.

»Großer Gott im Himmel, saure Drops!«

Das Entzücken weicht Bedauern. Früher hatte er Drops gemocht, seine Schwäche waren Drops. Jetzt muß er sie meiden. Diagnostiziert sind Übergewicht und Altersdiabetes. Zucker ist unheilbar. Die Krankheit konfrontiert ihn mit dem Tod. Vergänglichkeit nistet sich ein.

»Schade, schade«, seufzt er. »Ich bin auf Diät gesetzt.«

Leise klingt Musik im Zimmer an. Gesang.

»Pschsch!«

Andachtsvoll legt der Abt einen Zeigefinger über die Lippen. Hinter einem Wandschirm nur halb verdeckt steht ein Koffergrammofon. Der Plattenteller kreiselt das Lied von den Capri-Fischern: rote Sonne versinkt im Meer, hinaus ziehen die Fischer mit ihren Booten, Bella Marie vergiß mich nie, fleht der Sänger. Nachtschicht vor Capri. Dem Erstaunen Guidos begegnet der Abt mit kapriziöser Leichtigkeit.

»Rate mal, von wem ich diese Platte habe. Von Bruder Jonas hab' ich sie. Er versorgt jetzt unsere Fische. Er versorgt sie gut. Was soll ich dir sagen, er hat mir alles gebeichtet und hat alles von Herzen bereut. Sei mir nicht bös. Er hat mir leidgetan. Ich hab' ihn aufgenommen. Kannst du mir verzeihen. Nicht wahr, du verzeihst mir. Wir müssen brüderlich Großmut zeigen gegenüber denen, die sich geirrt haben. Er hat mir gesagt, im Kloster möchte er Jonas heißen. Das ist, so hab' ich mir gedacht, der passende Name für jemand, der sich dem Auftrag Gottes, Ninive zur Buße zu rufen, lange Zeit entzogen hat. So heißt er also jetzt Jonas. Glaub mir, mit Fischen kennt sich niemand besser aus als er. Bloß – mit Südamerika liegt er mir dauernd in den Ohren. Erst mit Argentinien. Und jetzt will er partout nach Brasilien.«

Vitus ist unnachgiebig. Es dauert ihm zu lange. Nun steht er an der Tür und deutet auf die Uhr. Der Abt läßt sich nicht unterbrechen und fährt fort:

»Nach Brasilien will er, wir haben dort ein Filialkloster.«

Die Uhr an Vitus' Handgelenk ist ein Chronometer. Den langen Ärmel seiner Kutte hat er zurückgestreift. Wenn Vitus sein Chronometer sehen läßt, wenn es unter dem Tuch hervor aufblitzt, ist Eile geboten. Stumm steht er so und signalisiert: es ist allerhöchste

Zeit! Doch der Abt erzählt weiter. In Brasilien hätten sich Mönche aus Himmerod niedergelassen und ein Kloster gegründet, 1936 im Staat São Paulo, in wasserreicher Tallage, versteht sich. Hätten im Urwald gerodet, gebaut und Plantagen angelegt. Kaffee-, Bananen- und Tabakkulturen seien aufgeblüht mit Erzeugnissen von erstklassigem Ruf. Davon könne man gottlob auch hier Zeugnis ablegen, seit die Confratres von drüben ihrem Mutterkloster endlich Pakete schicken dürften, endlich! Ein Segen, daß dieser Krieg vorbei ist!

Vitus signalisiert jetzt auch akustisch, tickt mit dem Zeigefinger auf das Uhrglas. Damit geht er wohl einen Schritt zu weit. Der Abt ignoriert ihn, setzt sich zu Guido und resümiert. Seit diese Pakete jetzt regelmäßig einträfen, bestehe für Bruder Jonas überhaupt kein Grund mehr, selber nach drüben zu gehen, er habe ja nun schon hier, was er sich von einem Aufenthalt in Brasilien verspreche, zum Beispiel diesen exorbitanten Bohnenkaffee, Marke Nova Himmeroda. Ob er, Guido, ihn nicht auch mal probieren wolle?

»Aber gewiß doch willst du«, befindet der Abt, ohne eine Antwort abzuwarten.

Für den Mönch Vitus bedeutet das, Kaffee kochen und servieren. Er kennt seine Pflicht. So unmerklich, wie er eingetreten ist, entfernt er sich wieder.

»Und was ist mit dem grausigen Schatz?«, erkundigt sich Guido. »Sein Zahngold, sein Nibelungenhort – wo ist der geblieben?«

»Moment einmal«, wie Waagschalen balanciert der Abt seine Handflächen. »Gebeichtet hat er und bereut. Was willst du mehr. Auch die Profeß hat er gewünscht und sie bekommen. Nicht anders wie vor ihm der Bruder Basil. Doch das ist eine Geschichte für sich.«

Zum Zahngold Birtlers meint der Abt noch:

»Die Welt ist klein, der Ratschluß Gottes aber groß. Ein Schatz, wo keiner ist, gibt's keinen zu heben. Die

Begehrlichkeit, Mutter der Phantasie, hat schon manchen zum Narren gemacht.«

Der Abt wird nun ganz deutlich:

»Neulich habe ich auf den Ruinen unserer Kirche ein quirliges Männlein angetroffen. Hat gesagt, bin Amateurarchäologe. Hat behauptet, Fundort ist meistens, wo deplatziertes Absetzen von Fäkalien praktiziert wird. Gescheucht hab' ich den und wie! – Und nun kommst du, Guido, mit auch so Sachen.«

Jonas alias Birtler alias Alberich. Für Guido liegt auf der Hand: alles Stationen einer Verpuppung. Alberich, der anmaßende Zwerg. Um Riese zu werden, hat er mit Titania aus der Sippschaft der braunen Giganten geschlafen, am Ende waren sie besiegt. Sitzt jetzt auf einem Haufen Gold. Ist im Blauzeug der Kriegsmarine dahergekommen. Steckt nun im blauen Drillich der Laienbruderschaft. Trägt immerzu Tarnkappe, unerkannt. Großer Gewandmeister ist er.

»Seine SS-Uniform, ist wenigstens die gefunden?«

Da rät ihm in seiner Güte der Abt, es sein zu lassen mit den alten Geschichten und sich in Friedfertigkeit zu üben, in christlicher oder, wenn es ihm lieber sei, in bewährter indianischer Friedfertigkeit. Er bietet Guido zu rauchen an, eine Zigarre, von der Guido schon eine hat. Als er sie ihm zeigt, begreift der Abt sofort.

»Sieh an, der Oberst Klauke. Du kennst ihn schon. Du logierst also auch bei Frau Bastgen. Übrigens. Herr Klauke hat mir auch Platten verehrt. Den Freischütz. Möchtest du ihn hören? Wenigstens die Ouvertüre? Komm, sei so lieb. – Ein netter Mensch, nicht wahr, der Oberst Klauke.«

Wer im Paradies bleibt, weiß am Ende: es ist die Hölle. Was hält Guido noch hier? Was soll er noch in diesem Haus? Drops sind außer Kurs. Akustik, in Zelluloid gerillt, ist die neue Methode. Der Freischütz, diese Musik verlockt zu romantischen Spekulationen. Die sind eine von mehreren Möglichkeiten, am Unwesentlichen vorbei zu empfinden. Diese Oper, gelöst und gesammelt muß man sie anhören und es beginnt der ödeste Raum zu tönen. Aber er, Guido, hat doch draußen zu tun. Wozu sitzt er noch hier?

Der Abt legt etwas anderes auf. Als die Grammophonnadel aufsetzt, sieht Guido sich in die Bronx zurückversetzt, ins Swinging Harlem. Das Abtzimmer verwandelt sich in mondänes, leicht verruchtes Ambiente, je mehr der Plattenspieler auf Touren kommt. Hört sich an wie Dizzy's *Things to come,* ist aber nur ein schaler Aufwasch davon. Das Dekor schwelgt im Southern Style. Im Mosaik glasverzierter Wände spiegelt sich alles unwirklich. Eine Black Lady singt. Ihre Treffsicherheit auch bei schwierigsten Phasensprüngen ist phänomenal. Könnte Annie sein, ist es aber nicht. Unten im Saal sitzen Weiße an Tischen, rasende Koloraturen einer Altstimme halten sie in Atem. Wie damals in Minton's Playhouse. Immer nach der Abfahrt vom Westside Highway stoppte das Taxi unter schwarzglänzendem Eingangsbaldachin, 52. Straße. Im Minton's ist Guido ein- und ausgegangen, um Dizzy Gillespie und seine hochgezogene Trompete zu hören. Mehr noch wegen Annie.

Jazz in Himmerod. Der Abt spielt die Platte nur einmal kurz an und nimmt sie gleich wieder ab, damit Vitus es draußen nicht hört. Jam Session in der Klausur, dafür hätte der kein Verständnis. Der Mönch Vitus, so jung oder so alt er auch sein mag, er zeigt Profil. Ist zweimal promoviert und überaus geschäftig, hat das Zeug zum Prior.

Der Abt drängelt:

»Rasch noch den Freischütz, bevor der Kaffee kommt. Schell noch die Holzbläser, die gestopften

Horntöne, weißt du, die kühne Klangvision der Weberschen Musik. Und über der Wolfsschlucht steht die mondbeglänzte Waldnacht«, schwelgt er parlando.

»Durch die Lüfte braust das wilde Heer. Die Pforten der Hölle öffnen sich. Ein Probeschuß steht bevor. Der Fürst, nicht wahr, der Fürst bestimmt als Ziel eine weiße Taube?«

Der Abt stellt sich fragend. Es klingt wie ein Lockruf.

»Der Ort ist verrufen«, schiebt Guido trocken nach.

»Entsetzliches hat sich zugetragen. In der Wolfsschlucht liegen schreckliche Träume aus dem gerade zu Ende gegangenen Krieg. Kadaver, Leichen, Ruinen, Geschändete.«

»Das wilde Heer, das sind die finsteren Mächte, die Armeen des Krieges«, fährt der Abt fort.

»Beim zwölften Glockenschlage, um Mitternacht stehen sie wieder auf. Und Samiel, ihr General, ist wieder da. Der Pakt mit dem Bösen wird für weitere Jahre geschlossen.«

Guido hält mit:

»Das Glück der Liebenden, Max und Agathe, hängt vom ungewissen Flug eines Geschosses ab«, wiehert er.

»Max taucht am Rand der Schlucht auf. Ihn umgarnen düstere Mächte. Als der Schuß kracht, wird Agathe in taubenweißem Kleid tödlich getroffen.«

»Der Eremit aber, der Eremit«, echot der Abt, »der Eremit vergibt alle Schuld und läßt von seinen Lippen den Lobpreis Gottes hören. – Auch du, mein Sohn Guido, hast gesündigt. Auch du bist schuldbeladen. Also beichte mir. Und es wird dir vergeben.«

Da zündet Guido seine Brasil an. Da legt der Abt die Stola um.

»Wenn Sie gestatten, mir liegt nicht daran, zu beichten. Ich sehe keinen Sinn darin.«

So direkt hat Guido dem Abt noch nie widersprochen. Mit solcher Deutlichkeit hat der Abt Guido noch nie der Sünde geziehen. Guido bläst Zigarrenrauch aus, schlägt ein Bein über. Er lebt, weil er malt. Und er lebt so, wie er lebt, um malen zu können. Das ist kein Geheimnis. Das sagt er jedem, wo immer, wann immer. Es aber hier zu sagen, hieße sich in die Nesseln Gottes zu setzen. Anwandlungen der Libido zuzugeben, unverdrängte Sinnlichkeit einzugestehen, sein Innerstes nach außen zu kehren, alle Sachen auszubreiten, Gefühle, Kitzel, sengenden Frost – ins Gebet genommen wird man hier dafür. Und überhaupt, so jemand wie diesen Abt mit Details zu behelligen, etwa über Annie? Daß sie hochbeinig daher kommt, in stelzigem Schritt. Daß sie den Gang einer Gazelle hat und eine samtene Hand. Daß sie schlangenhaft schmiegsam ist. Ja, daß sie eine Python ist, die dich ins Gering ihrer Leibhaftigkeit einschlingt. Daß sie eine Bandbreite von Fis bis zum zweigestrichenen Gis hat. Daß du, wenn sie singt, im Sog der Kaskaden ihrer Kadenzsprünge einfach abgurgelst in eine andere Welt. Das denen klarzumachen, die im Kloster leben, geht nicht. Unmöglich, dem Abt verständlich zu machen, daß Annie eine bronzene Venus ist, zugleich ein verdammtes Miststück, immerzu ein Miststück und dazu eine Venus – ruinös. Davon sind Guidos Skizzenbücher voll.

»Das Sakrament der Buße, alles recht und schön«, sagt er. »Lassen wir's lieber!«

Mit dem übergeschlagenen Bein wippt er im Takt der Waldhörner. Eigentlich hat Lyonel Feininger ihn darauf gebracht, nach Himmerod zurückzugehen. Als sie mit ihm beim Tee saßen, äußerte er, man müsse sehen, die kontemplative Energie zu entdecken, sich aller Erdenschwere zu entheben und dahin zu kommen, in den Gleichmut der Seele eingebunden zu sein. Er wünsche sich, in kindlicher Hingabe zu malen, absichtslos.

Guido hebt die Schultern. Wenn aber zu beichten, zu bereuen, Buße zu tun in diesem Haus die unumstößliche Bedingung ist, nun, dann gehe ich halt wieder, denkt er und läßt die Schultern fallen – es sei denn, die neue Abteikirche wird gebaut und er kann sie ausmalen, er, und darf sogar das Heilige malen, er, in kindlicher Hingabe.

Wie das wohl wäre? Kühler Schauer durchweht ihn.

In Arezzo ist er gewesen. Wie es gemacht wird, weiß er. Mit Feinputz bewirft er ein so großes Stück der Wandfläche, wie er an einem Tag ausmalen kann. Darüber gibt er weiße Farbe. Er rührt sie an aus Milch, weißem Marmorstaub und Bianco di San Giovanni. Kennt er alles aus Arezzo. Auf diesem weißen Grund skizziert er figürlich, setzt darauf Buntfarben an. Arezzo, glückhafter Umweg auf seinem Gefangenentransport nach Genua. Die Amerikaner hatten sich verfahren.

Glasfensterzyklen schweben ihm vor, in weich lavierender Mischtechnik, die sich in das Bild seiner Himmeroder Fresken einfügen.

Auch hat er das Faible des Abts bedacht, die dritte Dimension, den Kirchenraum mit Musik zu erfüllen, Orgelmusik. Unter dem Gewölbe braust eine Toccata auf, klingt durch das offene Portal hinaus ins Land. Vier Manuale, fünfunddreißig klingende Register und Pedale sind dafür nötig. Das ergibt ein Gehäuse von vielleicht zwölf Metern Höhe. Am besten wär', es im Querschiff zu platzieren. Und am Spieltisch sitzt, keine Frage, ein Meister der Sakralmusik.

So! – dann im Kloster zu bleiben? Über Pergamenten zu sitzen aus Zeit und Ewigkeit? Vielleicht. Verblichene Minuskeln nachziehen? Ja. Es mit Tinte tun. Sie anrühren aus dem Ruß verbrannter Pfirsichkerne. Oder, besser noch, aus Gallapfelmixturen. Farben und Pinsel, Tinte und Federkiel vor Gebrauch weihen!

Das Einfache poetisieren. Das Heilige auch auf Papier zur Anschauung bringen, wie weiland Sintram, der unermüdliche Schönschreiber, dessen Schriftzüge die ganze zisalpine Welt bezauberten. Buchmaler sein. Freilich der Versuchung, Mönch zu werden, etwa Mönch Felix, nur einen vagen Moment erliegen. Aus der Entrückung wieder aufwachen und erkennen: Jahre sind vergangen. Fragen: bist du noch, der du bist?

Die Zigarre ist aus. Guido wippt nicht mehr mit dem Bein, sitzt mit halb verhängten Sinnen.

Nun ist also auch Guido soweit, sinniert der Abt. Zweien hat er schon Zuflucht gewährt, die auf der Flucht vor ihren Häschern waren, hat über sie den Mantel der christlichen Nächstenliebe gebreitet, ihre bürgerliche Identität ausgetilgt, sie aufgenommen in den Schoß der Heiligen Mutter Kirche. So leben sie hier im Kloster. Gregor Kuckoff, der Gestapo entkommen, betreut die Küche. Horst Birtler, von den Besatzungsmächten steckbrieflich gesucht, besorgt die Fische. Und nun auch Guido Pagels.

Alle Einlässe sind heute verschlossen. Niemand darf sich unbefugt dem Kloster nähern. Nur die Architekten dürfen herein, einzig die. Ihre Namen stehen auf einer Liste. Ein gutes Dutzend sind es, ein Zirkel notabler Herren. Rings um das Kloster ist ein Kordon gezogen. Durchgeschlüpft ist Guido.

»Sei ohne Furcht.« Der Abt legt Guido die Hand auf. »Deine Verfolger, sage mir, wer sie sind.«

Wieso Verfolger. Einmünden möchte Guido in ein Erkennen über Raum und Zeit hinaus, halluzinieren ohne Stoff, ausgewechselt sein auch einmal ohne Dope. Hoch ist der Himmel und weit ist die Bronx. Amerika, wie gering erscheinst du gegen das hier!

Guido geht zum Grammophon, dreht die Platte um. Und es schlagen von neuem die Waldhörner an, mächtiger noch als vorhin. Und es setzt ein *Oh diese Sonne*, Terzett mit Chor. Das Narkotikum Carl Maria von Weber. Schon Beethoven, kein Geringerer, scheint davon euphorisiert gewesen zu sein. Die B-Seite der Platte läuft eben aus, da geschieht die Verwandlung.

Der Abt hat eine dunkelbraune, fußlange Kutte zur Hand, wie sie die Laienbrüder tragen.

»Nimm hier zu deinem Schutz und zu deiner Seligkeit dieses Gewand«, sagt in seiner Güte der Abt, führt das grobwollene Tuch an seine Lippen, streift es Guido über, knotet ein hanfenes Seil ihm um den Leib und gibt dem auf die Knie Gesunkenen das Kreuzzeichen auf die Stirn. Dann rückt er neben den Knieenden einen Stuhl, auf den er sich setzt. Geschlossen die Augen, sein Ohr ihm zugeneigt, versunken in tiefen Ernst, mahnt ihn der Abt, reumütig zu sein und Buße zu tun. Vor Guido zuckt rötlicher Schein auf, als aus dem Mund des Abts zu ihm dringt:

»Du hast Martha verführt. Sie hat von dir ein Kind geboren, Dezember fünfundvierzig. Und sie weigert sich, weigert sich, im heiligen Sakrament der Ehe weitere Kinder zu empfangen – Sünde über Sünde!«

Der Schein vor Guido verliert alles Rötliche, ein weißes, gleichmäßiges Licht blendet und es klafft unter dem Knieenden eine Tiefe auf von schwarzer, gähnender Leere, in die er in dumpfer Besinnungslosigkeit bodenlos abgestürzt wäre, hätte nicht im selben Augenblick Mönch Vitus das Zimmer betreten.

Ohne Kaffee steht Vitus in der Tür. Soeben ist ihm durchgegeben worden, von den Architekten sind die ersten auf Sichtweite heran. Damit hat die Rüst begonnen. Da noch mit Kaffee aufzuwarten, könnte alles zunichtemachen, alles verderben. Er nähert sich in Ehrerbietung, wie er das immer tut, wenn er den Abt vor sich hat. Der Abt macht es ihm schwer. Zunächst ist er dem Neuling behilflich, aufzustehen. Der hat noch Mühe, sich im Ordenskleid zurechtzufinden. Rührend besorgt, stützt er ihn und wendet sich erst dann Vitus zu:

»Ich habe ihn angenommen. Er braucht unsere schützende Hand. Nimm auch du ihn an, Vitus. Sei gut zu ihm und führe ihn. Amen.«

Der Mönch verschränkt sich. Seitlich geneigt steht er, die Schultern vorgezogen und bedeutet dem Abt wortlos: um Himmelswillen, nein!

»Sei sanft zu ihm«, beharrt der Abt. »Sanitätssoldat, mußt du wissen, ist er gewesen. Die Schrecken des Krieges, die Leiden des geschundenen Fleisches, gemalt hat er sie, um sie zu ertragen. Die düsteren Erinnerungen lassen ihn nicht los, drängen ihn zu immer neuen Varianten des Menetekels. Alle diese Jahre sind ihm wie ein Tag. Die Welt nicht mehr zu malen, sie zu sezieren, treibt es ihn. Doch verloren ist er nicht. Hier, schau dir seine Skizze an, seinen Entwurf für unser Gotteshaus, und du erkennst, er gehört zu uns, er ist unser Bruder. Ich sage Felix zu ihm, weil ich weiß, was ich sage. Bruder Felix, nenne ich ihn. So komm denn, Vitus, umarme ihn.«

Der Mönch bleibt verschränkt.

Klauke hat ihm über Sprechfunk durchgegeben, die Sicherheit im Planquadrat ist nahe Null. Eine Person ungeklärter Identität hat Einlaß gefunden ins Zentrum. Sieht aus wie ein Franzos'. Alles Stopp! Abwarten, bis der wieder draußen ist!

Klauke in seinem Auto, das Fernglas vor den Augen, registriert im Klosterhof eine Bewegung. Ein Langberockter verläßt das Klausurgebäude mit einem Bündel unter dem Arm. Über geharkten Kies, an rundgeschorenen Kübelziersträuchern vorbei, Buchs und Oleander, schlendert er talwärts. An der Klostermauer öffnet er den Riegel einer Tür, geht hinaus. Unweit der Fischteiche klappt er ein Dreibein aus, setzt darauf weißen Malgrund. Hat einen langstieligen Pinsel zur Hand, zwei Teile sind aufgesteckt.

Eine Legende bahnt sich an. Später wird man erzählen, der Bruder Felix sei ins Freie hinaus, um nachzudenken über den Satz: die Jahre sind wie ein Tag. Als er zurückgekommen sei, habe er seinen Konvent nicht wiedererkannt, weil dort die Zeit schneller vergangen sei, als bei ihm.

Andere werden eine zweite Legende erzählen. Bruder Felix habe sich hinausbegeben, um eine Antwort zu suchen auf die Frage: sind sechs Jahre wie ein Tag?

Denkbar ist eine dritte Legende. Der Bruder Maler habe gegrübelt: ob sechs Jahre nach so einem Krieg wie ein Tag sind?

Martha hat ihn geheißen, zerwühlte Felder zu malen, zerstörte Städte, über Trümmer und Leichen hinwegmarschierende Soldaten, Gewalttätigkeit und Leid. Violett und in tonigem Ocker angelegt, schilfrig, so hat er sich vorgestellt, könne er das hier jetzt malen, könne alles Modische, alles Aufgesetzte, was in Manhattan, was in München war, hinter sich bringen und über einen neuen topographischen Fixpunkt, diesen hier, aus seinem sektiererischen Leerlauf herausfinden, zu einem breit setzenden, blockigen Pinselstrich durchdringen, hinein in eine Tektonik von unerhörter Bläue. Aus der Leere, aus der Stille kommen die Bilder. Doch es geht nicht. Ihm liegt eine Schnur um den Hals, eine Schnur mit aufgereihten Holzperlen, mit Kreuz. Auf sowas hat er sich eingelassen. Eine Paranoia nach der anderen.

Seine letzte Verrücktheit war gewesen, dem Alkaloid aus den Blättern des Kokastrauchs nachzuhängen, dem Göttergeschenk der Inkas. Seelenspeise aus dem peruanischen Hochland. Hatte immer und immer wieder das weiße Pulver durch ein gerolltes Dollarbillet in die Nase gezogen und mystisch gestimmter Indioflöte gelauscht oder Annies extatischen Spitztönen – und immer und immer den Traum vom Frieden geträumt.

Stadt und Land, Bürger und Bauern leben in schönster Eintracht. Nirgends finden sich Neid, Furcht und Böswilligkeit. Auf dem Land draußen vor der Stadt schneiden Leute das Korn, ihr Vieh und ihre Ernten bringen sie in die Stadt. Dort spielen Kinder in den Straßen, nisten Schwalben unterm Balkon, Arbeiter fertigen Werkstücke, Schüler sitzen zu Füßen ihrer Lehrer. Kein verächtlicher Blick trifft die einfachen Landleute, keine Mißgunst gilt den Bewohnern der Stadt. Alle bewundern einander, alles ist gegenseitiges Wohlwollen. Dieser Traum ist schon gemalt. In Siena füllt er die ganze Länge einer Wand, seit sechshundert Jahren.

Unterm Dollarbillet hat er auch geträumt, er liege in einem Boot auf dem See im Garten des Palastes. Unter überhängenden Zweigen der wilden Kirsche treibt mit eingelegten Rudern das Boot. Da sind in einem Windhauch Blütenblätter gefallen. Über und über zart rosa von ihnen bedeckt, gleitet er dahin. Die Stille wird der inneren Unruhe Herr, solange die wilde Kirsche blüht und der Mond wächst. Laotse im Geäst.

Kahl steht im Oktober die wilde Kirsche am Salmbach. Nirgends ein Boot. Am Himmel der Tagmond ist blaß. Fahl sieht er aus, doch er wächst.

Der weiße Malgrund auf der Staffelei bleibt leer. Das Ich, als Summe aus dem Ganzen ins Licht gerückt, bleibt aus. Rücklings ausgetreckt, der rasenden Welt Adieu gesagt, ohne ihr ein letztes Bild hinterlassen zu haben, liegt wie benommen Guido Pagels. Jede Paranoia ist ein in sich geschlossenes System. Felix ist Vater. Guido trägt Kutte. Martha ist verheiratet.

Über ihm zieht sich durch den blauen Himmel gradlinig ein Strich aus. Das Flugzeug an der Spitze des Streifens ist nicht zu sehen. Zwei berstende Donnerschläge entladen sich. Hart treffen die Schallwellen unten auf, ohne daß Guido davon Notiz nimmt. Drüben der Oberst Klauke fixiert noch eine Weile das Objekt. Er ist erleichtert: ungeachtet dieser Detonationen bleibt das Objekt reglos. Als beunruhigendes Faktum gibt er an Vitus durch: der Franzos' hat die Tür in der Klostermauer aufgelassen. Exakt gescheitelt ist Vitus. So Leute, weiß Klauke, sind brauchbar.

Einmal, da kam ein veritabler Franzos', das vergißt Klauke nie, da waren sie Besatzer in Frankreich. Mit einem langen, langen Weißbrot kam er daher, sagte im Vorbeigehn »Bonjour« und drückte – pautz – auf sie ab. Schrotflinte eingebacken. Am anderen Morgen nahmen ihre Scharfschützen den Bäcker vorsorglich hops, als der mit den Frühstücksbroten in die Offiziersmesse kam. Er trug die Weißbrote gebündelt unterm Arm, Papier drumrum. Verdacht auf Kugelspritze.

TERZ

Die Vigil des heiligen Bruno

Im Saal, in dem die Gäste des Klosters ihre Mahlzeiten einnehmen, sind die Vorbereitungen getroffen. Die Tische stehen an den beiden Längswänden. Dazwischen verbleibt ein breiter Gang zum Auftragen der Speisen. Die Stühle, eigentlich sind es Schemel, stehen an den Außenseiten der Tische. Vor jedem Stuhl ist auf der blanken Tischplatte ein Gedeck aufgelegt. Der Fußboden ist besenrein. Durchgelüftet ist auch. Die Räume im Kloster, die nicht ständig benutzt werden, lüftet man sehr sorgfältig. Die Fenster werden erst geschlossen, kurz bevor die Gäste eintreten. Was noch fehlt, ist eine Kleinigkeit. Basil und Jonas sind dabei, sie zu besorgen. Es dekorieren zu nennen, ergäbe ein falsches Bild. Passender wäre zu sagen, sie legen letzte Hand an.

Es geht um den Sinnspruch.

Immer wenn Gäste kommen, gehört ein Sinnspruch an die Wand, an die Stirnwand des Saals zwischen beiden Fenstern. Die Nägel stecken schon, eine Leiter ist angestellt. Sie haben zwei Sprüche zur Auswahl. Es sind Spruchbänder. Der Wortlaut auf dem einen Band ist fromm. Weniger fromm ist der auf dem anderen Band. Wird geistlicher Besuch erwartet, etwa Pastoralvisiten aus der Bischofsstadt Trier oder aus Fulda oder gar von Ultramontan, rollen sie, so ist ihnen aufgetragen, das fromme Motto aus. Sind es dagegen weltliche Gäste, begnügen sie sich mit dem anderen. Den Spruch passend auszuwählen, ist Basil vorbehalten. Er deutet auf die Rolle mit der frommen Botschaft. Jonas schüttelt den Kopf, nimmt die mit dem weltlichen Spruch.

»Nein, heut ist der andere dran«, beharrt Basil.

Jonas läßt sich nicht abbringen, denn Architekten sind angesagt, also weltliche Gäste.

»Fromm ist heute dran, hab' ich gesagt. Du hörst wohl wieder nicht.«

So sind sie immer, die beiden, seit sie sich kennen. Sie streiten miteinander. Sie tricksen sich aus, wo sie können. Äußerlich tragen sie Kutte. Kutte zu tragen kümmert sie aber nicht, sobald sie unter sich sind. Dabei hat Jonas sein Ordenskleid noch gar nicht an. Es zu tragen ist bei einem Anlaß wie heute Vorschrift. Von allen in diesem Kloster ist Bruder Jonas derjenige, der als einziger kurz vor Eintreffen der Gäste noch in Jacke und Hose steckt. Man sieht es ihm nach. Die Sprossen der Leiter, die er hinauf soll, stehen ziemlich weit auseinander. Seit er sich letzthin auf dieser Leiter mit einem Bein in der langen Kutte verheddert hat und von der Leiter gefallen ist, läßt man es angehen, daß er seine bequeme Arbeitskleidung trägt, bis der Spruch endlich hängt. Am Fuß der Leiter lächelt er. Die Leiter hinauf nimmt er sich Zeit wie jemand, auf den oben die Halsmanschette wartet. An der Wand entrollt er:

Herzlich Willkommen!

Bei allem, was sie trennt, Jonas hat vor dem Basil Respekt, nicht bloß den obligaten brüderlichen Respekt, wie ihn die Ordensregel verlangt, sondern natürlichen Respekt. Basil macht äußerlich nichts daher. Die Kutte kleidet ihn nicht, er weiß es und es kümmert ihn nicht. Nur wo es sein muß gibt er sich Mühe, andachtsvoll und feierlich zu wirken, über'm Angelusläuten etwa oder im Chorgestühl. Er ist der Küchenbruder. Er zieht Radieschen, schält Kartoffeln, rührt die Speisen an und schmeckt sie ab, spült das Geschirr, schrubbt die Fliesen und hat die Welt im Kopf. Ein Wissen hat der, ein

Gedächtnis – phänomenal! Das alles nötigt Jonas Respekt ab. Nicht nur Respekt. Auch Vorsicht.

Bruder Jonas kommt die Leiter herunter, nimmt die andere Rolle mit hinauf und hängt auch sie ein. Da reißt von draußen ein Doppelschlag ihn fast um, die Leiter schwankt. Aufmerksam hält er inne, bis ein Flugzeug zu hören ist, und sagt dann im Jargon des Lufterkennungsdienstes:

»Militärischer Strahlflug. Geschwindigkeit 1630 Kilometer pro Stunde. Mach 1. Durchstoß der Schallmauer. Maschine vom Typ Bell-X1.«

Und er läßt, weil die Leiter unter ihm seitlich nachgibt, über das eine hinweg, das andere Spruchband abrollen:

Salve Regina Coeli.

Mit anschwellender Stirnbeule äußert er vom Boden aus zum Fenster hin:

»Erster Schallmauerdurchstoß war 1947. Pilot: U.S. Captain Charles Yeager. Könnten wir wieder so, wie wir gerne möchten, ging es nach mir – Überschallflugzeuge würd' ich Himmelsköniginnen nennen.«

Was im Kloster jetzt ansteht, möchte er von Basil wissen:

»Ich denke, diesmal sind es keine Exerzitien. Stimmt's?«

Basil schweigt.

»Also doch Exerzitien«, findet sich Jonas ab. »Nun gut. Da wissen wir, die Erwartungen der Gäste sind, was ihr leibliches Wohl anlangt, minimal. Sie beten und fasten. Zur geistlichen Erneuerung üben sie sich ein in die Askese. Frugal das Mahl. – Wieso dann aber Hecht?«

»Hecht ist etwas Besonderes«, antwortet Basil.

»Ja gewiß«, pflichtet Jonas ihm bei.

»Hecht ist ein Leckerbissen, eine Delikatesse, die, soviel ich weiß, in diesem Haus serviert wird, wenn es sich gerade nicht um Exerzitien handelt, sondern um mehr. Hecht, nicht wahr, gibt's nur für prominente Gäste im Ornat. Hecht ist Herrschaften vorbehalten, die gerne tafeln. Deshalb wäre diesmal, so meine ich, Fisch von minderer Sorte ausreichend. Architekten – also, weißt du.«

Basil winkt ab:

»Entschieden ist, Hecht wird den Gästen, die diesmal kommen, vorgesetzt. Hecht vom Besten, den wir haben. Ist übrigens meine Idee gewesen. Ich hab's durchgesetzt. Dispens vom Abt. Beschwer dich bitte bei dem, wenn's dir nicht paßt.«

Der Abt und Basil leben miteinander auf vertrautem Fuß. Basil betreut den Diätplan des Abtes. Fürsorglich tut er das, heilkundig und mit augenscheinlichem Erfolg. Dafür läßt ihm der Abt in vielen Dingen freie Hand. Allein die Bücher, die Basil ganz allein für sich hat. Immer wieder gehen ihm Pakete mit Büchern zu. Für sich allein besitzen darf er sie. Seine Zelle ist angefüllt mit Büchern. Mit den wichtigsten Neuerscheinungen ist Basil stets auf dem letzten Stand. Vergangenen Herbst war er sogar auf der Buchmesse in Frankfurt am Main. Unter seinen Büchern sind auch welche von drüben. Auch solche Bücher darf Basil privat beziehen, weil er vom Abt Dispens hat. Dispens zum Bezug von Druckmaterial aus der Sowjetzone – wie weit, so könnte Jonas sich fragen, wie weit ist es da noch bis zum Bruch des Beichtgeheimnisses? Es heißt sogar – wenn es kein Gerücht ist – es heißt, der Basil schreibe selber und publiziere. Was freilich, Jonas hat sich umgehört, ihm nie bestätigt worden ist. Doch das Zeug dazu hat der Basil. Jonas traut es ihm zu. Deshalb hegt er auch den Verdacht, nicht bloß den Verdacht hat er, sogar Gewißheit glaubt er zu haben: der Basil ist ein falscher Bruder, einer von der Sorte, die es mit denen von drüben halten. Du, der legt dich noch aufs Kreuz, wenn du nicht auf dem Kiwif bist, argwöhnt er.

»Für sowas gebe ich den Hecht nicht frei. Sollen Karpfen essen«, brummt Jonas und horcht mit gesenktem Ohr, wie Basil diese Weigerung aufnimmt. Er geht einen Schritt auf Basil zu:

»Für Architekten – läppisch! Können Muschelzeug verzehren. Sollen Forellen haben oder was weiß ich. Für Architekten ist mein Hecht zu schade. Ein Hecht wie der – nein, nicht für die!«

Basil zündet sich eine Zigarette an. Es ist eine selbstgedrehte mit Tabak aus eigenem Anbau. Nicht nur Radieschen zieht er. Draußen im Garten, im sonnigsten Winkel, kultiviert er ein Tabakbeet. Ungeachtet der Invasion brasilianischer Zigarren zieht er sich sein eigenes Kraut, raucht nur das. Er fermentiert es selbst, schnitzelt es, krümelt die Fäden zwischen den Handflächen auf, hält sich immer einen Vorrat, der auf etliche Tage berechnet ist.

Ganz nebenher äußert Basil, indem er die Tische entlang geht und mit dem Zeigefinger die Gedecke abzählt:

»Morgen entscheidet es sich, ob du nach Brasilien übernommen wirst.«

»Wieso morgen schon?«

»Hierfür reicht die kleine Profess, die du hast, nicht aus. Freigestellt für Brasilien wird nur, wer auch der großen Profess für würdig befunden ist, dem Anspruch also genügt, Priester zu werden in Ewigkeit.«

»Morgen schon. Das sagst du mir erst jetzt!«

»Priester zu werden setzt voraus, du mußt legitimierter christlicher Ehe entstammen, katholisch getauft und ledigen Standes sein, der Heiligen Mutter Kirche ununterbrochen angehören, deinen Austritt aus der Kirche niemals erklärt haben, deines unverbrüchlichen Glaubens immer noch sicher und fest entschlossen, keusch, arm und gehorsam zu bleiben. *In aeternum.* – Übrigens, Schneewittchen fällt mir ein, die Tische sind diesmal mit viel Liebe gedeckt. Das ändert aber nichts daran, morgen wird über dich entschieden.«

»Morgen ist der 6. Oktober.«

»Ganz recht, das Patronatsfest des Heiligen Bruno.«

»Was hab' ich mit dem zu tun?«

»Nun, über den Heiligen Bruno steht geschrieben, bei einem Totenoffizium, dem er als noch ungläubiger junger Mensch beigewohnt hat, ist der Tote im Sarg aufgestanden mit den Worten: ich bin angeklagt! Worauf er sofort wieder niedergesunken ist. Anderntags, als man den Sarg wegtragen wollte, hat der Tote gerufen: ich bin verurteilt! Am dritten Tag schließlich, als der Sarg geschlossen wurde, hat der Tote gejammert: ich bin verdammt!«

»Du machst dich lustig über mich.«

»Das alles hat den Entschluß des Heiligen Bruno, der Welt für immer zu entsagen, begünstigt.«

»Füglich ist sein Patronatstag also der passende Zeitpunkt, um über mein Schicksal zu befinden?«

»Du sagst es.«

»Daß ich nicht lache!«

»Aber warum willst du denn immer noch dahin, wo der Pfeffer wächst, respektive der sündhaft noble Tabak? – Bleib hier. Übe dich in Askese!«

Basil dreht nun auch für Jonas eine Zigarette. Seegras, Papierhülle mit Matratzeninhalt, mehr fällt dem zu diesem Machwerk nicht ein. Es freilich auszusprechen ziemt sich nicht einem Confrater gegenüber. Ein Streifen Speichelnässe zieht sich der Länge nach über das Einwickelpapier.

Jonas könnte Basil erwidern: schon als Kind hat er am Altar gestanden, im Chorrock des Meßdieners mit dem Credo auf den Lippen. Die Schulbank hat er in einem Kloster gedrückt, in einer Konviktschule. Gute Zeugnisse sind vorhanden, vielfache Belobigungen hat er erhalten, verbürgt ist eine tadelsfreie Kondui-te. Mitglied im Don Bosco Bund ist er gewesen, Geld hat er gesammelt für die Missionsstationen im ehemaligen Deutschsüdwestafrika. Nicht viel hätte gefehlt und er wäre ganz auf diese Linie eingeschwenkt, Missionar und so. Alle diese Dinge könnte Jonas, wenn er nur wollte, zum Beweis anführen für seine römisch-katholische Herkunft. Freilich hätte das zur Bedingung, daß er seine Identität als Horst Birtler preisgibt.

Und allzeit gläubig geblieben?

Mein Gott! Die Höhen und Tiefen des Lebens. Als junger Mann im Sog der Umgebung, im Strudel der Parolen, ausgesetzt den Verführungen der Zeit. Als Adolf die Regie übernahm, war er, Horst, fünfzehn gewesen. All diese Fahnen, die Uniformen, der Marschtritt der Kolonnen, die Trommeln, die Lieder, die Fanfaren. Und der Führer. Alle ihm nach. Seine Klasse, seine Eltern, seine Lehrer. Auch er. Schule geschmissen. Hinein in die Uniform. Den Krieg dann, den Krieg empfunden wie eine Lust. Den Vormarsch, die unfaßlichen Siege erlebt in orgiastischem Rausch.

Gläubig geblieben?

Birtler hätte dem Bruder Basil am liebsten die Gegenfrage gestellt, ob er denn nicht wisse was es bedeutet, Soldat zu sein, Soldat in einem Krieg. Ein bißchen mehr ist er schon gewesen als nur Soldat. Zugegeben. Der Elite hat er angehört. Fünfundzwanzigtausend Freunde hat er gehabt, oder mehr. Sie sind dahin. Und was er alles wohl sonst noch erreicht hätte, wäre am Ende der Wind nicht umgeschlagen, hätte der Kriegsgott ein Einsehen gehabt. Daß er es in der Uniform derer vom Totenkopf so hoch hinauf geschafft hat, darüber braucht Birtler hier kein Wort zu verlieren. Das ist dem Basil nicht entgangen, da ist er sicher.

März 45. Das ist dem Jonas noch so frisch wie gestern: dieser kleinkarierte, dieser bornierte Sanitäter kramte aus dem Seesack die Uniform mit den Runen und den Rangabzeichen eines Majors. Er hat bessere Zeiten gesehen. Und jetzt. Gekoppelt ist er mit diesem Basil. Fische und Küche. Erbärmlich. Er steht da und hat keine Wahl mehr. Muß Seegras rauchen. Seegras. Birtler nimmt die Zigarette an. Morgen wollen sie ihm den Heiligen Bruno überziehen. Die Legende nicht als Geschichte für fromme Weiblein sondern als Kodex, als Hinweis auf das, was ihn erwartet: angeklagt, verurteilt und verdammt. In allen Büchern kennt sich dieser Basil aus. Herrgott, kennt sich der aus. Birtler saugt den Rauch tief in die Lunge.

Drüben in Wittlich und wer weiß wo sonst noch, hängt sein Steckbrief öffentlich aus. Wenn es stimmt, was die Leute erzählen, dann ist Wittlich ein Ort des Schreckens.

Um den Marktplatz stehen Bürgerhäuser. Sie ergäben, wären sie im Krieg heil geblieben, das Bild eines barocken Landstädtchens. In Wittlich gibt es ein Landratsamt, ein Gymnasium, ein Amtsgericht, eine Kaserne der früheren Wehrmacht und aus der Zeit, als die Preußen da waren, ein Zuchthaus. In der Kaserne liegen französische Besatzungssoldaten. Im Zuchthaus werden deutsche Kriegsverbrecher verwahrt, einige von ihnen sind zum Tod verurteilt.

Wer beim Militär mit Todesurteil dran ist, muß vor die Gewehre, wird erschossen. Birtler ist Praktiker, hat viele Erschießungen geleitet, auch Massenerschießungen. Gelernt ist gelernt. Noch im Schlaf kann er sagen, wie es dabei zugeht.

Eine Abteilung von zehn Mann wird abgestellt. Ein Offizier führt das Kommando. Er bestimmt, wie die Zielperson am Richtplatz präsentiert wird, gefesselt, Mund verschlossen, Augen verbunden oder nicht. Während die Abteilung mit Gewehrüber still steht, liest er das Urteil und die Bestätigungsverfügung des Gerichtsherrn vor. Die zehn Mann stehen in zwei Gliedern fünf Schritt vom Ziel entfernt, legen die Gewehre an, nehmen Druckpunkt. Auf Kommando oder Wink schießen sie. Geöffnet steht schon ein Sarg. Ein Sanitätsoffizier stellt den Tod fest. Erkennt er noch Lebenszeichen, erfolgt Restvollzug durch Pistolenschuß des Offiziers.

So kennt es Birtler aus der Sicht derer, die schießen. Er hat schießen lassen und hat selber abgedrückt. In die Brust, zwischen die Augen, ins Genick, manchmal aus Vergnügen auch nur in die Beine. Todesurteile wegen Fahnenflucht, Feigheit vor dem Feind, Leichenfledderei hat er vollstreckt. Wegen Fahnenflucht selber belangt zu werden, braucht er jetzt nicht mehr zu befürchten. Der Krieg ist aus. Die ihn hätten belangen können, haben den Krieg verloren. Fledderei, damit ist es anders. Goldzähne hat er aus Frankreich, wo sie Juden ins Gas getrieben und bei Säuberungsaktionen Zivilisten erschossen haben. Einer war darunter mit einem handlichen Zängelchen. Muß ein Dentist gewesen sein, im Mund Goldplomben wie Nuggets. Dem Abt hat Birtler gebeichtet. Gebeichtet ist gebeichtet. Der Abt muß schweigen.

Drüben in Wittlich hängt das Signalement Birtlers in deutscher und französischer Sprache aus. Kaltes Erschrecken, Herzrasen, schiere, flackernde Angst packte ihn, als er es sah. Seither zeigt er Tics, unwillkürliche Gesichtszuckungen. Manchmal sitzt er in der Hocke und schabt stereotyp am Kopf. Er redet dann nur, wenn jemand ihn anspricht. Leise und ohne

Nachdruck antwortet er. Man weiß dann nicht recht, was er meint. Der Abt hat zu verstehen gegeben, Bruder Jonas habe momentane Anwandlungen von schwerem Welterleben, er schließe sich dann ganz in sich ab. Absencen seien ein nachdrückliches Zeichen für nachfolgende Idiotie oder Heiligmäßigkeit. Lasset uns für ihn beten.

In Abwesenheit ist er verurteilt, so hat Birtler in Wittlich gelesen. Das Fahndungsfoto zeigt ihn bärtig. Seitdem rasiert er sich kahl im Gesicht und über den Kopf, ratzekahl. Die Leute erzählen viel, wie die Leute halt so erzählen. Er hat Leute gefragt, ob denn je einer hinter den Zuchthausmauern von Wittlich Schüsse oder Gewehrsalven gehört hat. Das freilich nicht, haben sie ihm geantwortet. Doch was heißt das schon: nicht gehört. Strick oder Guillotine. Wenn es damit geschieht, wenn der Hals in der Schlinge steckt oder durchgehackt wird, ist nichts zu hören, nicht über Gefängnismauern hinaus. An einem Geisteskranken, das steht fest, darf ein Todesurteil nicht vollstreckt werden. Er erwägt, notfalls sich noch befremdlicher zu verhalten, die Tics und das alles auszubauen. Notfalls – das könnte schon morgen sein.

Sie rauchen. Sie rauchen und rauchen. Nach einer Weile fragt Birtler, die Zigarette verbirgt er in der hohlen Hand:

»Was mich betrifft, da kann es doch keinen Zweifel mehr geben. Oder? Lang genug bin ich schon bei euch.«

Basil winkt ab:

»Fünf Jahre sind keine Zeit.«

»Sechs Jahre – fast sechs! Ihr kennt mich doch. Nicht gemuckt. Mich gefügt. Meine Arbeit getan. Immer willens, euch nachzueifern. Was bitte muß ich noch tun, um endlich in allem euch wohlgefällig zu sein?«

»So einer wie du?« Basil taxiert ihn von der Seite wie einer, der kühl außen steht:

»Du läßt, seit du hier bist, deine Raucherration immer zurückgehen, um bei deinen Oberen als anspruchslos zu gelten. Der schöne Schein. Und vergnügst dich derweil mit parfümierten Zigaretten, Amizigaretten. Ich würde sagen: Bluffer.«

»Ja, es stimmt. Ich habe heimlich geraucht und mich damit versündigt.«

»Wenn das eine Beichte ist?«

Basil nimmt die Schürze ab, die er über dem Skapulier trägt, führt sie zum Mund, wie eine Priesterstola, legt sie sich um die Schultern, streift die Schnürbändel über der Brust glatt. Birtler zögert, geht auf und ab. Einen runden Kieselstein hat er in der Hand, den er massiert, einen Handschmeichler, an dem der seine innere Unruhe ausläßt.

»Na denn keine Beichte. Dann eben nicht.«

Basil wirft die Schürzenbändel wieder über die Schultern zurück. Im Stakkato der Schritte Birtlers summiert er die Fakten:

»Der lange, bange Abend. Frontlärm zu hören. Da steht dann einer. Möchte rein. Darf rein. Entgeht so der Gefangennahme. Der Krieg ist aus, der Wahn vorbei. Er möchte bleiben. Und darf bleiben. Macht sich nützlich. Nimmt sich der Teiche an. Bringt sie wieder in Schuß. Betreibt die neue Aufzucht. Hält für fünf Teiche sich nur einen Hecht. Ergebnis schmeichelhaft. Wird Fischmeister. Ist's noch heut. Ist sein eigener Herr. Keiner, der ihm reinredet. Niemand, der an ihm mäkelt, ihn bevormundet. Hat das Glück, immer draußen an der frischen Luft zu sein. Will aber raus aus seinem Fischmannstrott. Goutiert Camels und Chesterfields ...«

»Nicht zu vergessen, Lucky Strikes«, ergänzt Birtler.

»... und übt chercher la femme.«

Basil bugsiert Birtler einen Schemel so vor die Füße, daß ihm der Weg abgeschnitten ist, daß er stehen bleiben muß.

»Der Tod, so heißt es in unserer Ordensregel, der Tod, Bruder Jonas, der Tod lauert auf der Schwelle der Lust.«

»Unzucht getrieben. Ja. Frauen habe ich auch gehabt. Ich bekenne es und bereue.«

»Also doch eine Beichte.« Rasch hat Basil seine Stola wieder um.

Birtler deutet auf seine Tonsur:

»Bürgerlich ist gestorben. Ausgesetzt wie ein Fisch auf dem Trockenen. Kreisrund ausgeschoren mein Haupthaar. Und unterm Arm das Brandmal der SS.«

»Du, zeigst du's mir mal? Komm, laß mich mal sehen.«

Birtler hebt den Arm hoch.

»Aber, aber! Doch nicht mit der geballten Faust. Wenn das hier einer sieht. Du bist doch nicht Kommunist.«

Birtler läßt den Stein aus der Hand fallen.

»Ich möchte leben, richtig leben. Du, ich glaub, ich hab' Angst.«

Er steht immer noch mit gestrecktem Arm.

»Hitlergruß – unverbesserlich!«, resümiert Basil.

Es entsteht eine Pause, sie setzen sich. Brüderlich eng beieinander sitzen sie, Küchenmeister und Fischbruder.

Was die Klostergäste anlangt, die morgen kommen sollen, für sie ist gesorgt. Die Gästetafel ist gedeckt.

»Hör zu Horst. Du, ich sag' heute einfach mal Horst. Am besten, Horst, wir gehen alles nochmals gründlich durch. Also der Speiseplan. Für morgen Abend sieht er Fisch vor. Es ist nun mal so. Ich kann es dir nicht ersparen.«

Auf der Anrichte liegen Fischmesser und Fischgabel zum Tranchieren schon bereit.

»Der Fisch, der morgen auf den Tisch soll, *esox lucius*, Hecht, scharfzahniger Wasserwolf, gehört zu den gefräßigsten Raubtieren«, erklärt Basil.

»Wem sagst du das.«

»Fisch ißt man in Himmerod noch subtil. Deshalb sage ich es. Fasse das Fleisch nur mit zwei Fingern an, so lernt man hier. Stecke es nicht mit beiden Händen in den Mund und laß deine Hand nicht zu lange im Teller stecken. Fisch zu essen ist in unserem Orden Ausdruck von Kultur.«

»Sag, wie groß ist der Hecht?«, erkundigt sich Basil.

»Groß, sehr groß. Nicht ganz zwei Meter lang.«

»Dann bringt er auf die Waage – laß mich überlegen: vierundzwanzig, vielleicht dreißig Kilo?«

»Gut und gerne. Lebendgewicht.«

»Du weißt, das Fleisch der Hechte ist trocken. Wir müssen ihn spicken. – Du nennst ihn Charlie, nicht wahr?«

Auf Charlie reagiert Birtler mißfällig mit Fußscharren.

»Dein Liebling?«

»Mein bestes Stück. Du, der kennt mich wie ein Hund seinen Herrn kennt. Sieht er mich, kommt er sofort. Bin ich am Teichrand, schwänzelt er, tänzelt er. Mit aufgeplusterten Kiemen reckt er sich hoch und macht Männchen. Macht unter Wasser regelrecht Männchen. Du, der hat Verstand. Er begreift, was ich will. Folgt mir aufs Wort. Delphin, weißt du, so intelligent ist er wie ein Delphin. Zur Belohnung kriegt er jedesmal – hepp – was zu schmurgeln. Am liebsten schnappt er nach gequelltem Weizen.«

»Und nach Karpfen.«

»Ja, auch nach Karpfen. Aber da trifft er seine Auswahl. Bei Karpfen und bei allem, was in einer

Fischzucht sonst noch anfällt, ja da – wie soll ich sagen, da selektiert er. Krummzeug und Mickerlinge merzt er aus. Sorgt für gesunden Nachwuchs. Hält Ordnung im Revier. Veredelt den Bestand. Der Hecht, mußt du wissen, der Hecht verschlingt, wo es sein muß, auch seinesgleichen.«

»Charlie, ein Mordskerl!«

»Natürliche Auslese. Das Gesetz der Natur. Der Schwache unterliegt dem Starken, der Kleine dem Großen.«

»Charlie, der Teichpolizist.«

»Genau. Von Teich zu Teich laß' ich ihn steigen, laß' ich ihn springen. Mal steht er im oberen Wasser, mal im unteren. Ich dirigiere ihn. Wo er gebraucht wird, ist er zur Stelle und sortiert aus.«

»Übernimmt er sich nicht?«

»Bisweilen schon.«

»Magenschleimhautentzündung, Koliken? Wäre immerhin denkbar. Ich meine, kümmert dich das nicht, Horst? Schau mal, wenn er innerlich schon faul wäre, wenn er nicht mehr genießbar ist. Marodes Fischfleisch. Du, dann hätten wir gleich morgen hier wieder Lazarett. Bei schweren Vergiftungen halten die Symptome Wochen oder Monate an.«

»Wenn er sich bisweilen auch übernimmt – keine Sorge.«

Birtler winkt ab.

»Verfaulten Fisch. Na, ich bitte dich!«

»Nein, nein. Ist seine Beute zu groß, läßt er sie sich zur Hälfte so lange aus dem Maul hängen, bis die andere Hälfte, die schon im Magen liegt, verdaut ist und der Rest nachrutschen kann. Das dauert halbe Tage, manchmal länger. Dann liegt er im Seichten, ist träge und lahm, spielt seine Tarnfarben, wechselt je nach Lichteinfall seine Schattierungen, spielt Versteck.«

»Charlie, das Teichgespenst.«

»Warum sagst du immer Charlie? Er heißt Charles.«

»Darwin –?«

»Na und? Die Lehre Darwins ist anerkannt.«

»Das Plazet der Kirche hat sie nicht, mein Lieber.«

»Noch nicht. Doch die Kirche, gerade sie nährt sich am liebsten mit Fisch. Denk an die vielen fleischlosen Tage im Jahr und an die Fastenzeit.«

»Unser Fischhändler früher daheim, Horst, der hat immer gesagt: achten Sie beim Fischkauf auf klare Augen, rote Kiemen und festes Fleisch. Ein Schlitzohr, der! Das hat er jedem gesagt, der zu ihm in den Laden kam.«

»Ganz meine Meinung. Ich bin zu eurem Teichmeister bestellt, um Fisch zu liefern, der euch nicht den Magen umdreht und alles wieder retour befördert.«

»Bist du da ganz sicher, Horst?«

Birtler strafft sich, steht stramm:

»Vollkommen sicher. Ich erlebe, was ich sage, am eigenen Leib. Das Optimum ist kein Produkt des Zufalls, sondern der Notwendigkeit. Es ist irrig zu glauben, es könnten einmal die Kleinen die Großen auffressen. Hecht sein und nicht Karpfen, darauf kommt es an. Und Hecht bleiben. Und Tarnfarben spielen, wenn's mal dick kommt. Der Himmel ist oben und unten sind wir. Machen wir uns doch nichts vor! Mal ganz unter uns. Du liest doch so viele verbotene Bücher. Ist der Typ da oben eigentlich nicht tot?«

Basil schaut Birtler versonnen an, als wolle er sagen, ein Oktober ist das in diesem Jahr, also ich weiß nicht. Ob's einen frühen Winter gibt? Kraniche hat man schon gesehen, in spitzer Formation. Kraniche sind ein deutliches Zeichen. Die Gewißheit des Vogelflugs. Man wird nicht umhin können, sich schon bald auf Minusgrade einzurichten, auf Eiseskälte. Daß es schon wieder soweit ist! Ein Sommer nur auf der Durchreise war das.

Basil lacht:

»Eine Religion, der wir den grünen Himmeroder Likör verdanken, kann nicht tot sein. Früher hatte er dreißig Prozent, jetzt vierzig. – Also, du hängst sehr an Charlie, sagst du. Wie wirst du das morgen übers Herz bringen? Ich meine rrrtsch.«

Birtler ohne Zögern:

»Wenn, dann kommt er mir ganz auf den Tisch. Mit Kopf und mit Schwanz. Mit allem Drum und Dran. Ausgeweidet natürlich.«

»Gefüllt?«

»Ja, gefüllt.«

»Leberfüllsel?«

»Klar. Leber ist das Feinste am Hecht.«

»Garniert? Vielleicht Parmesan? Petersilie?«

»Geriebener Meerrettich.«

»Knoblauch?«

»Bah!«

Birtler schüttelt sich. Knoblauch widert ihn an. Abscheu huscht ihm übers Gesicht. Seine Ohren laufen an:

»Untersteh' sich einer mit Knoblauch!«

Basil hält weiter für unerläßlich:

»Zart muß das Fleisch sein. Wir werden ihn spicken müssen. Alter Hecht ist trocken. Wie alt ist er eigentlich? Hechte können sehr alt werden. Gelesen hab' ich, es hat Exemplare gegeben, die hundert Jahre alt waren.«

»Ihn zu spicken ist entbehrlich«, befindet Birtler. »Er steht noch voll im Saft. Zweiunddreißig ist er, schätze ich. In meinem Alter.«

»Trotzdem. Gut wär's schon, ich zu spicken. – Daß ich's nicht vergesse, Horst, was servieren wir als Beilage?«

»Grüne Spargelcreme mit Basilikumtomate und grüne Bohnen.«

Noch ist alles nur spekulativ. Noch lebt der Hecht. Noch schwänzelt, noch tänzelt er. Noch hat Birtler ihn nicht zum Verzehr freigegeben. Noch weiß er nicht, wer die sind, die ihn verspeisen sollen. Einen Hecht, wie der einer ist, undefinierten Personen, irgendwelchen hergelaufenen Leuten auszuliefern, womöglich solchen, die ohne Knoblauch nicht auskommen, bringt er nicht über sich.

Angesagt sind Exerzitienbrüder.

Da weiß er aus Erfahrung: fades Volk ist das bei Tisch – Abstinenzler, lustlose Gabelstochler, fromme Hungerkünstler, Gaumenverleugner, Selbstverächter, die nur essen, um nicht vorzeitig abzusterben. Da weiß er, was denen zukommt: aufgetragen gehört denen Hering aus der Tonne und Buttermilch, wie es in aller Regel auch geschieht.

Für Birtler steht fest, seinem Hecht gebührt ein fairer, ein standesgemäßer Abgang. So schäbig es ist, Hand anzulegen an so jemand Anhänglichen, die Form muß gewahrt bleiben. Nur einer noblen Runde darf er vorgesetzt werden, nur Feinschmeckern, die das Ereignis zu würdigen wissen. Auf Silbertablett serviert, lorbeerbedeckt, zur richtigen Jahreszeit. Hecht ist am besten im Oktober. Von diesen Voraussetzungen ist nur eine erfüllt: es ist Oktober.

Basil schwingt seine Schürze von der Schulter und bindet sie sich wieder vor. Er schaut nach der Uhr:

»Denk bitte an den Wein. Und die Gläser müssen noch her. Jesses! Schon Mittag. Ganz schön verplaudert haben wir uns.«

Temperenzler und Wein? Birtler versteht nun gar nichts mehr.

»Sie kriegen von dem sauren Wein, hörst du! Nimm also die geringen Gläser. Die aus Preßglas.«

Das Kloster Himmerod hat, was Weißwein angeht, einen legendären Ruf. Es besitzt Weinberge in den besten Lagen an der Mosel. Wein von höchster Güte herzustellen, ist in Himmerod Tradition. Am Rebstock und vor den Fässern, droben im Wingert wie drunten im Keller macht den Mönchen so leicht niemand etwas vor. Schon immer und überall hat die Finesse der Weine aus Himmerod den Beifall der Gourmets gefunden. Einmal, vor vielen, vielen Jahren ist bei einem Diplomatenempfang in Paris ein Kenner aus klerikalen Kreisen über einer Kreszenz aus Himmerod sogar in Verzückung geraten, geschwärmt hat er: *Adieu mon Seigneur!* Der Gedanke, mit ihrem vorzüglichen Wein zu einer Gotteslästerung beigetragen zu haben, hat die Mönche tief erschreckt, bekreuzigt haben sie sich, als sie davon erfuhren. Als ihnen gar zu Ohren kam, der sich so vergangen hat, sei ein hoher kirchlicher Würdenträger gewesen, ist der Konvent zusammengetreten. Alle erhoben ihre Weingläser: *Fratres pie bibite, gaudate ad magnam Dei gloriam! Amen!*

Die ganze Wahrheit ist, der Kleriker in Paris hatte, als er auf dem Flaschenetikett las, woher der Wein kommt, vor all den Diplomaten noch dazu ausgerufen: *'immerot, 'immerot – voici mon ciel!* Wohl damals hat der Konvent den Heidenwingert in Klüsserath angekauft. Denn seitdem ist der im Güterregister des Klosters verzeichnet. Mit ihm hat es die Bewandtnis, daß er verlässlich sauren Wein liefert. Weil er in einem engen Nebental der Mosel liegt, bescheint den Heidenwingert die Sonne nur abends. Was er an Verwertbarem abwirft, trägt die Bezeichnung Klüsserather Abendwein. Kaum jemand, der diesen Tropfen trinken mag. Klosterintern heißt er Essigwein. Zum Ansäuern von Speisen findet er in der Küche Verwendung – es sei denn, es ergibt sich ein triftiger Grund, den Klüsserather Säuerling pur auf den Tisch zu stellen.

Der Bruder Jonas geht, um die schlichten Gläser zu holen. Gemeint sind die ohne Stiel und ohne Schliff, wie man sie auch zum Zähneputzen nimmt, zum Gurgeln, zum Ausspülen. Unterwegs holt ihn ein Mönch ein, der ihm sagt, er möge zu Pater Vitus kommen, der erwarte ihn. Der Mönch bittet, ihn dorthin zu begleiten, so laute sein Auftrag. Er hakt Jonas unter.

Sendbote des Heiligen Bruno, spöttelt Jonas vor sich hin, die Vigil des sechsten Oktober hat begonnen. Abrupt entzieht er sich dem Griff des Mönchs, macht eine Kehrtwendung und geht anderswohin.

SEXT

Jonas findet sein Glück bei Vitus

Nichts ist mehr so wie früher. Es gibt Ungelegenheiten im Kloster, leidvolle Ungelegenheiten. Eine folgt auf die andere. Sie häufen, sie verflechten, sie verwickeln sich. Angefangen hat es im letzten Mai. Seither ist im Klostergehege vieles aus den Fugen. Manches davon macht schon draußen die Runde. Der Abt ist untröstlich. Er zögert, es eine Verschwörung zu nennen. Er hat schon vielerlei Unbill gemeistert. Nicht immer mit harter Hand. Geschlichtet hat er, getröstet und immer wieder versöhnt. Mit unentwegter Herzensgüte. Darin ist er ein Meister. So ist die Gemeinschaft seiner Mönche zusammengewachsen wie zu einer Familie. Und nun hat es den Anschein, allem ist der Boden entzogen. Der Nerv ist getroffen, befürchtet der Abt. Das Rechnungswesen des Klosters Himmerod ist, soweit man zurückdenken kann, ohne Beanstandungen gewesen. Jetzt liegt es im Argen. Seit letztem Mai stimmt es damit nicht mehr. Der Abt kann sich nicht erklären, woran es liegt. Der Pater Cellarius, den er von seinem Amtsvorgänger übernommen hat, gilt seit je als ein guter Rechnungsführer, ein Zahlenmensch ist er, versierter Kameralist. Seit Mai hapert es jedoch mit seinem Zahlenwerk. Neuerdings verrechnet er sich häufig. Er kommt zu Ergebnissen, die mit den Etatansätzen in Widerspruch stehen. Die Summen, die er jetzt unter dem Strich zieht, hätten den ökonomischen Ruin der Klosterfamilie zur Folge, würde man sie unbesehen hinnehmen. Selber einzugreifen, um das Schlimmste abzuwenden, traut sich der Abt nicht zu. Denn mit

Zahlen umzugehen ist ihm nicht gegeben. Immerhin weiß er inzwischen, warum der Pater Cellarius außer Fassong ist. Basil hat versucht, es dem Abt zu erklären. Mißlich ist, der Abt vertraut nur dem Küchenbruder. Eigentlich ist das ein Mangel. Dem Abt bleibt aber nichts anderes übrig. Der Ratgeber, der ihm offiziell bestellt ist, Vitus, liegt ihm nicht. Ratgeber läßt man sich nicht verordnen. Ratgeber sucht man sich selbst.

Also, Basil hat dem Abt gesagt, der Pater Cellarius ist im Rechnen und im Wirtschaften gut, solange Kalliope, die Schönstimmige aus ihm spricht. Denn unser Buchhalter ist ein Poet. Sein Leben, sein Einmaleins, seine Bilanz, das Wohl und Wehe unseres Klosters ist Gedicht. Von Cellarius liegen mehrere Gedichtsammlungen vor. Und jetzt versagt ihm die Muse. Er hat innere Schreibsperre. Es handelt sich um ein ornithologisches Syndrom. Das ist dem Abt neu. Von solcherlei Sachen hatte er noch nie gehört. Was es nicht alles gibt, wundert er sich und läßt den Pater Ökonom zu sich bitten.

Mählich dunkeln die Gefilde,
Sterne glühen ohne Zahl,
Und es singt so sanft und milde,
ach! ihr Lied die Nachtigall.

So lautet die Weise von Stille und Glück des Paters Cellarius. So hebt sie an. So und ähnlich besingt er Abende im Himmeroder Mai. Und so liest er dem Abt vom Blatt vor. Vögel, also Vögel inspirieren meinen Zahlenmeister, ein unsicherer Mensch ist er, denkt der Abt und gerät in Erstaunen. Von Singvögeln profitiert er. Gefiederten Sängern lauscht er. Lyrik verfaßt er aus ihrem schönsten Tirili. Der heilige Franz von Assisi, der sich auch von Vögeln hat inspirieren lassen, ist er freilich nicht, findet der Abt, wohl nur ein ferner Abglanz von dem. Schade Franz, daß er deiner erhabenen

Verskunst nicht weiter nacheifert, sondern aufhört damit. Warum eigentlich? Warum?

Nun, an einem schönen Abend im vergangenen Mai ist Vitus in Himmerod eingetroffen. Seitdem gibt es hier keine Nachtigallen und keine Gedichte mehr. Kaum, daß er da war, ist Vitus erschrocken, weil er Nachtigallen hörte. Vielerlei ist, was Mönche in die Irre führt. Daß auch Vögel es vermögen, hält Vitus für erwiesen. Singvögel lärmen gegen die Ordnung an, so kultiviert sie auch lärmen. Zum Fenster hinaus hatte Vitus zürnend die Hand gestreckt und die Nachtigallen beschworen, mit ihrem Gesang die Mönche nicht länger zu betören. Die Vögel haben sich erhoben und sind weggeflogen, weit über den Rhein nach Honnef hin, wo es einen dunklen Hain gibt, in dem sie sich niederließen. So erzählt man sich über Vitus. So sucht man zu erklären, warum vieles so anders geworden ist, seit er das Kloster Himmerod übernommen hat. Die Geschicke des Klosters liegen nämlich in seiner Hand. Der Abt denkt und Vitus lenkt. Basil spürt, wenn etwas in der Luft liegt. Im kleinen Kreis hat er geäußert, dem Konvent ist eine Korsettstange eingezogen worden. Ihr werdet sehen, alles läuft auf eine Straffung hinaus, intra und extra muros.

Beim ersten öffentlichen Auftreten des Paters Vitus in der hiesigen Gegend, auf einer Glockenweihe in einem der Dörfer, lachte Basil laut, während Vitus die Weihepredigt hielt. Darüber ist es zum Eklat gekommen. Es war in einer kleinen Gemeinde mit einer kleinen Kirche, eher ein Kirchlein zu nennen. Dementsprechend bescheiden war die Glocke ausgefallen, die nun in den Kirchturm gehängt werden sollte.

Viele Leute saßen und standen in der Kirche. Nicht alle, die gekommen waren, konnten hinein. Eine Glockenweihe ist zugleich immer auch Dorffest mit

Girlanden, mit Umzug und Chorgesang. Da gibt es auch Zulauf aus den Nachbardörfern. Die Feuerwehr steht Spalier.

Die Glocke hing an einem Seilzug unter der Turmöffnung. Pater Vitus gab seiner Enttäuschung von der Kanzel herab vehementen Ausdruck, daß dieses Glöckchen kaum der Rede wert sei. Die Glocke ist die Stimme Gottes, unseres Herrn, sie kann nicht groß, nicht stark, nicht mächtig, nicht laut genug sein, weil sie alles, was da sonst noch ist, übertönen muß. So donnerte der Pater. Jonas stand unten parat. Auf Wink von der Kanzel schlug er den Glockenschwengel an, ließ ihn kreisen, hielt ihn in Drall, trieb ihn ins Dissonante.

Heda, Klabautermann! Hör auf, du läutest ja Sturm, du läutest, daß die Erde sich bäumt, daß Deutschland erwache, lachte Basil, schob Jonas beiseite und gab den Schwengelstrick dem Schullehrer in die Hand, der den Dorfchor leitete und der das Dorfgeläut, bevor es in Auftrag gegeben worden war, eingestimmt und den Sinnspruch ausgegeben hatte, der auf dem Glockenmantel prangte: *Exaudi domine.*

Danach, als sie im Pfarrsaal zu Tisch saßen, hörten sie Basil sagen: Glocken zu hören, ist das eine. Sie zu überhören, ist das andere; geläutet wird am lautesten immer dann, wenn es gilt, die Ohren zu spitzen, um herauszuhören, warum so laut geläutet wird und was es wohl ist, das übertönt werden soll. Er prostete Vitus zu, trank ex und lachte wieder.

Einen Confrater so reden zu hören, hat den Pater Vitus alarmiert. Er ist beim Abt vorstellig geworden. Der ging, als er es hörte, eine Weile auf und ab und meinte dann, es könne ein Ausbruch von Heftigkeit gewesen sein, ebenso gut auch Ausdruck einer hier allerdings irrigen Überzeugung des Bruders Basil. Direkt Vitus ins Gesicht fragte der Abt: Welchen Anteil, denkst du, hat der Irrtum in unserer Wahrheit?

Vitus verbeugte sich: uns geht es nicht um die Wahrheit, wir besitzen den Glauben, wehrte er und legte die Hand auf sein Herz.

Doch Klabautermann, befand der Abt, Klabautermann trifft zu. Unseren Bruder Jonas einen Klabautermann zu nennen, hat den Vorzug, es stimmt. *Nomen est omen.* Sieh ihn dir an, wenn er, was er am liebsten tut, bei Gewittersturm in seinen löchrigen Kahn steigt und herumschippert, als kümmere ihn weder Blitz noch Donner, als sei sein Boot kein gewöhnliches, sondern das nämliche Schiff, das man schon vor tausend Jahren gesehen hat und als sei er derjenige, der nicht ohne Grund erscheint und vor dem man sich hüten muß.

Der Abt war ins Mythische abgekommen. Er fand aber nichts dabei, eigentlich war er darüber vergnügt. Vitus kreuzte, so als wolle er sich verwahren, beide Arme über der Brust. Dann setzte er plötzlich einen Fuß vor. Wie ein Ausfall nach vorn sah es sich an. Wie Hieb und Stich war, was er dem Abt ins Gesicht sagte:

»Ich beschuldige Basil, ich führe Klage gegen ihn. Er unterhält Verabredungen mit einer jungen Frau. Er trifft sich mit ihr, sie reisen gemeinsam. Ihr Name ist Martha Plein. Jonas hat es mir gesagt. Er kann alles, was ich hiermit förmlich zur Anzeige bringe, beweisen.«

Den Abt schien das nicht zu kümmern. Er tat eher noch belustigter als vorhin, nahm Vitus bei der Hand und zeigte ihm in einer Vitrine hinter verhängten Scheiben einen Dampfer. Schräg an seinem Schornstein saß ein Streifen Watte auf. Der Abt setzte den Dampfer auf den Tisch. Ein in sich geschachtelter Dampfer. Er zog ihn an Bug und Heck auseinander. Das ergab insgesamt vier Schornsteine. Eine liebevolle Bastelarbeit aus Streichhölzern unter der Flagge Brasiliens.

»Jonas hat es mir zum Geschenk gemacht, wie lieb von ihm, nicht wahr! Ob es auch seetauglich ist? Wollen sehen.«

In einen Zuber mit Wasser setzte er das Schiff. Es kenterte, gurgelte und sackte ab.

»Jonas möchte gern hinüber nach Brasilien, aber du siehst«, bedauerte der Abt, »dazu reicht es nicht. Und die Streichhölzer. Sie richtig zuzuschneiden war nicht einfach. Ohne das Hackmesser, mit dem Basil seinen Tabak immer schnitzelt, wäre es nicht möglich gewesen. Basil, behilflich, wie er ist, hat sein Hackmesser Jonas geliehen. Wie lieb, nicht wahr! Und vergiß bitte nicht«, rühmte der Abt, »Basil ist in der Kräuterkunde unübertroffen. Ihm verdankt der Himmeroder Klosterlikör eine neue pikante Farbnuance. Mit den Augen, mußt du wissen, auch mit den Augen trinkt der Mensch, zuallererst mit den Augen.«

Zum Beweis setzte er, neu gegen alt, Vergleichsproben vor. Er goß zwei Gläser halbvoll ein und hielt sie ins Fenster. Draußen stand ein Licht blaßblau, darin der unergründliche grüne Likör. Vitus blieb unbeeindruckt. Rundheraus rügte er jetzt, dem Bruder Basil fehle es an der nötigen Hygiene, körperlich wie geistig.

»Er sieht verboten aus, wirkt unappetitlich, so jemand hat in einer Küche nichts verloren, auch nichts in der Kutte. Sein Likör ist grün, er selber aber rot!«

Der Abt gebot ihm, zu schweigen. Das Fenster schloß er, die Tür verriegelte er und brach dann das Beichtgeheimnis:

»Die Nazis haben unserem Bruder Basil die Nase eingedrückt, die Zähne eingeschlagen und die beiden Finger, die ihm fehlen, abgequetscht.« Auf die Knie fiel der Abt und versank in stummes, tiefes Gebet.

Kurz darauf notiert Basil im Journal der Klosterbrennerei: Jonas überbringt eine Order des Paters Vitus, sie besagt, der Alkoholgehalt des Likörs wird auf vierzig Prozent angehoben. Begründet wurde die Anordnung nicht. Befragt, äußerte Jonas seine private Meinung: immer vor dem Angriff gibt es Hochprozentigen.

Wenn man dem folgt, was Basil sich hin und wieder für seinen eigenen Gebrauch aufschreibt, dann ist die provinzielle Abgeschiedenheit dieses Klosters das ideale Wirkungsfeld für einen Mann wie Vitus. Eine seiner Notizen aus jener Zeit besagt, die Tage der inneren Einkehr sind nicht mehr das, was sie einmal waren. Auf der unteren Ebene breitenwirksam zu sein, war die bisherige seelsorgerische Devise. Folglich sind bislang Diözesanküster, Kolpingsöhne, Petrijünger, Floriansbrüder, Sebastianusschützen, Jungbauern hier gewesen. Pater Vitus dagegen siedelt die Rüstzeiten elitär an. Er holt sich Studentenkorporationen, Doktoranden, Studienräte. Zuletzt hat er Professoren einer kunsthistorischen Fakultät dagehabt. Man ist gespannt, was er nächstens bringt, vielleicht Richter oder Bänker. Dieses Wagnis ins akademische Milieu, so hat Vitus es genannt, verspräche nur Erfolg, so hat er verkündet, wenn der Konvent sich strikt und vorbehaltlos auf seine mönchischen Pflichten besinne, vor allem in puncto Gehorsam und Verschwiegenheit. Wir wollen dienen als Soldaten im Heiligen Glauben und eine Wache stellen an unseren Mund, hat er gemahnt. Eingeflochten hat er ein Wort Napoleons: Niemand, der sich besser versteht als Priester und Soldaten! Gerätselt wird, was das nun wieder soll.

Auch an dem Tag, als Pater Vitus in Himmerod vor den akademischen Kunsthistorikern predigte, half Jonas ihm wieder mit Handreichungen aus. Basil mußte daher im Speisesaal die Vorbereitungen für das Mahl allein treffen. Als er die Rolle mit dem Sinnspruch an die Wand hängen wollte, war keine zur Stelle. Beide Rollen fehlten. Er ging und sah nach. Im Saal, wo die Predigt stattfand, hingen beide Rollen oben an den Fenstern. Um den Saal abzudunkeln, brauchte man sie nur herunter zu lassen. Diesem Umstand verdankt es

Basil, daß er die Predigt mitbekommen hat, die Vitus den Universitätsprofessoren hielt.

Sie dauerte eine Stunde. Ihr Thema war: Die Kunst und das Credo. Am Anfang und Ende aller Kunst stehe der Glaube. Der Bildhauer Arno Breker diente als Beweis dafür, daß kreativ, also kunstschaffend, im Grunde nur der gläubige Künstler sei. Den Zuhörern galt der Kernsatz: echte Kunst kann nur erkannt, Kunst überhaupt kann nur verstanden werden auf dem Boden des Glaubensbekenntnisses. Geklatscht wurde nicht, es war ja eine Predigt. Schließlich ist es eine Diaschau geworden.

Jonas ließ die Rollen an den Fenstern herunter. Aus einem Projektor zuckten Fotos an die Wand. Es waren Fotos aus der Zeit, als Vitus rheinische Kirchen und Kathedralen kustodisch betreut hat. Zu Ende des Krieges, als die Zerstörungen aus der Luft zunahmen und Fronteinwirkung hinzukam, hat er als rasch zupackender Mann aus den Trümmern der Gotteshäuser alle für ihre Restaurierung noch brauchbaren Stücke und Fragmente geborgen und zur Auslagerung gebracht. Die Dias zeigen ihn in herzlichem Einvernehmen mit Leuten in braunen und feldgrauen Uniformen. Selbst trägt er das römische Kollar, den steifen, weißen Rundkragen, auch Kalkleiste genannt.

Jonas bediente den Apparat. Fotos, auf denen Embleme der Nazis erkennbar sind, so auf dem Außenmantel einer Glocke Kreuz und Hakenkreuz und die Weiheinschrift: *Staat und Kirche ein Verband. Volk und Führer Hand in Hand*. Geklatscht wurde nicht. Es war ja eine Predigt.

Zum Schluß hatte Vitus noch eine Überraschung parat. Die Zuhörer erfuhren, dieselben Leute, die ihm, Vitus, damals noch in letzter Minute mit Transportkapazität und Arbeitstrupps ausgestattet hatten, schreiben ihm heute Briefe. Solche Briefe hatte Vitus zur Hand, um daraus vorzulesen. Jonas ließ wieder Licht herein.

Einer dieser Leute schreibt: bei der Rettung christlichen Kulturguts mitgewirkt zu haben, ist mir ein Bedürfnis gewesen und erfüllt mich mit Stolz. Einem anderen ist es eine Genugtuung zu erleben, daß jetzt am Rhein die Gotteshäuser im früheren Glanz wiedererstehen. Ausnahmslos alle Briefschreiber bekunden dazu, entschlossen zu sein, auch weiterhin die Werte des Abendlandes zu achten und zu bewahren: zumal angesichts der neuen roten Sturmflut, die uns jetzt aus Korea droht. Damit begann Pater Vitus erst richtig zu predigen: Südkorea ist verloren, rief er aus. Wenn es soweit kommt, daß auch Pusan fällt. Der Himmel steh' uns bei und Douglas MacArthur.

Im Raum wurde es wieder dunkel. Vorn blendete die Geographie der Halbinsel Korea auf. Stoßkeile, wie Menetekel an der Wand, drangen auf dieser Karte von Nord nach Süd vor, bündelten sich, zielten auf Pusan, die Hafenstadt im unteren Süden. Noch eine Karte blendete Jonas auf, unmittelbar daneben. Sie zeigte den Lauf der Mosel. Die Vergrößerung zentrierte er auf Bernkastel-Kues. Der bedeutendste Sohn dieser Stadt kam auch ins Bild, der Heilige Nikolaus Kusanus. In stetem Wechsel hin und her ließ Jonas die Stadt und den Heiligen aufzucken, zum Schluß noch Douglas MacArthur im sportiven Blauzeug der U.S. Kriegsmarine. Vitus führte beredt Beweis: Nikolaus ist schon unser Heiliger, Douglas kann es noch werden. Sie sind einander nicht fremd. Douglas ist in Bernkastel-Kues gewesen, als Offizier im amerikanischen Expeditionskorps, im Dezember 1918. Schon damals als Sieger. Beide sind aus gleichem Holz geschnitzt. MacArthur wird, wenn er auch diesmal siegt, vor aller Christenheit eins sein mit Nikolaus Kusanus. Ihn Douglas

Pusanus zu nennen, kommt ihm dann zu. Kusanus Pusanus. Lasset uns beten!

Als es vorüber war und Jonas gemeinsam mit Basil im Speisesaal ihre Vorbereitungen für das Mahl der Gäste fortsetzten, fragte Jonas von der Leiter herunter:

»Geht ja gar nicht, den General heilig zu sprechen, der ist doch evangelisch – oder geht das vielleicht doch?«

»Wär' schon zu machen«, sagte Basil, »nur wär' der dann wohl der erste Präsident der Vereinigten Staaten von Amerika, der das Sankt vor seinem Namen führt. Präsident möchte MacArthur nämlich gerne werden. Warten wir's ab. – Geh und hol die Weingläser. Nimm die schönen alten aus Bleikristall. Ist echtes Murano, eine wahre Kostbarkeit, Junge. Dahinein gehört ein nerviges Gewächs. Bring Graacher Himmelslay, vom Vorjahr den. Kunstprofessoren sind anspruchsvolle Gäste. Wir wollen uns nicht blamieren.«

Und heute, am fünften Oktober, sagt Basil, für die Architekten soll Jonas gewöhnliche Wassergläser bringen und sie morgen zum Hechtmahl mit dem sauren Abendwein füllen. Neulich, um den Professoren der Kunstgeschichte zu imponieren, war für Basil das Beste gerade gut genug, Kristallgarnitur und nobler Riesling. Heute soll Preßglas auf den Tisch. Für Jonas hat Basil einen Kopfschuß. Also wirklich, einen Kopfschuß hat der für ihn.

Basil wartet im Speisesaal auf Jonas. Vitus hat Jonas rufen lassen. Ist er müßig? Ist er träge? Hat er sich verplaudert? Wo steckt er bloß, der Bruder Jonas?

Treppauf treppab schlendert Jonas, kommt hier vorbei, schweift dorthin weg, zeigt sich wieder im Seitentrakt, streicht durch die Flure, trödelt vor sich hin, ist eben mal kurz in seiner Zelle gewesen, hat dort einen

Karton geholt, eine Art Hutschachtel, hält sie treppauf treppab in der Waage, balanciert sie. Pappbecher, wetten, wären Basil für den Wein von morgen noch lieber. Der Basil, auch wenn er keinen Kopfschuß hat, für ihn hat er einen.

Sich auf der Zelle umzukleiden, wäre nicht verkehrt gewesen, vor den Oberen soll man ordentlich erscheinen. Doch Jonas hat seinen Fischmannsdrillich anbehalten. Er hätte besser auch die regulären Sandalen angezogen. Aber nein, seine dünnen, lapprigen Sohlen behält er an, aus Segeltuch zugeschnittene Streifen sind es, die seine Füße umschließen. Unterwegs im Gebäude hat er sie immer an. Draußen, versteht sich, geht er barfuß. Er versucht, sich vorzustellen, wie es wohl gleich kommt, wenn er bei Vitus eintritt. Entschuldigen Sie, daß ich keine Schuhe anhab', wird er nachher zu Vitus sagen. Aber du hast doch welche an, wird der antworten. Dann wüßt' ich gern, wer mir die angezogen hat.

So gefällt es ihm, er lacht schon im Voraus.

Rasch hat er auf seiner Zelle noch einen Blick in den Schott getan, die Handausgabe des römischen Meßbuchs, die hier jeder hat. Darin sind die Heiligen verzeichnet und die Tage im Kirchenjahr, an denen sie verehrt werden. Wenn das stimmt, was der Basil vorhin über den heiligen Bruno gesagt hat. Morgen ist der sechste Oktober. Morgen, wahrhaftig, ist der Tag des Heiligen Bruno, so steht es im Schott. Also, wenn das über den Bruno stimmt.

Eine Schnauze hat der Basil. Er redet so viel und so geschickt, immer am Kern vorbei, wie einer, der Fäden zu einem Netz knüpft. Am Ende, glaubst du, er hat dich drin in seiner Reuse, in seinem Fangnetz. Stets schneller sein als der andere, ihm immer einen Zug voraus. Husch, ihn im Sack haben, ehe er's gemerkt hat. Das ist der Dreh. Du bist Soldat, Birtler. Wache stehen, was das heißt, braucht dir keiner zu sagen. Ins Dunkel horchen. Jede Bewegung im Vorfeld wahrnehmen. Aufs Schlimmste vorbereitet sein. Wissen, was geht und was nicht mehr. Was hier nicht mehr geht: dich im windstillen Winkel sicher zu fühlen. Tödlich wär', immer nur zu warten, zu hoffen, daß die Franzosen abziehen, daß endlich Schluß ist mit ihrem Militärgouvernement. Sie suchen dich nicht nur mit Steckbrief. Auch das Rote Kreuz ist hinter dir her. Die Frau daheim füttert mit Fotos und Fakten den Suchdienst für Vermißte. Nicht mehr lange, dann setzt sich auch der Junge auf deine Fährte, zwölf ist er jetzt. Dich nur nicht einkreisen lassen, Birtler. Die Jahre läppern dahin. Du, dir läuft die Zeit davon. Zweiunddreißig bist du schon. Hättest du dein Depot noch mit dem vielen Gold, Perlen und Diamanten waren auch dabei, längst wärst du der Egeli, Vorname Urs. Hättest einen Schweizer Paß, könntest damit auf und davon. Airport Zürich-Klothen, Transatlantikticket. Und wärst aus allem raus. Steckst aber noch mittendrin.

Morgen hast du im Keller zu tun. Geht die Sache mit Bruno okay, dann zapfst du morgen im Keller den sauren Abendwein der Klüsserather Bruderschaft, pro Kopf eine Hemina, ein Viertelchen für jeden, wie es die Vorschrift ist. Denn dann ist klar, du bist zum Pater befördert mit dem Ticket für São Paulo. Abflug Frankfurt Rhein Main. Alles ganz legal. Wenn aber nicht? Gut, dann gehst du morgen in den Keller, zapfst aber nicht. Aus dem Keller heraus kommst du wie in alten Tagen. Vorgesorgt ist ja. Verschwindest mit Sack und Pack hinaus in die Nacht auf Nimmerwiedersehn und schlägst dich wieder in die Wälder. Suchst dir deinen Weg wie damals. Zimperlich warst du ja nie. Polizeiberichte wird es geben und dicke Schlagzeilen. Suchstaffeln schwärmen aus. Noch vor Winter, wetten, bist du irgendwo an Bord, Luft- oder Schiffspassage nach Übersee.

Trümpfe für morgen. Klar, die hast du doch. Der Abt, nee. Der ist ausgereizt. Ein alter, kranker Mann ist der. Verbraucht. Reißt keinen Baum mehr aus. Ölt sein Grammophon, schlürft Säftchen, tupft Tinkturen, löffelt Mus- und Körnerspeisen, hätschelt seinen Kräuterkram, hört herzerwärmend die Beichte. Ist der gute Mensch aus Himmerod. Und bleibt es.

Das Sagen hat der Vitus. Gewinnen wird morgen, wer bei ihm aus dem Schneider ist.

Heute noch in Paternostersandalen. Ab morgen mit der weißen Kalkleiste unterm Kinn. Heute noch mit dem Kiliansdom im Karton, dem Wahrzeichen Paderborns, seiner Heimat. Ausgeführt in Fischgräten. Gedacht als Hommage an einen verdienten Kustos. Mit dem Grätendom in der Schachtel kommt Birtler durch die Korridore daher.

Die Tür steht spaltbreit auf. Nach außen erscheint sie wie eine eichene Tür. Auf ihrer Innenseite ist sie ganz mit Eisen beschlagen. Viel hat er über diesen Raum schon gehört. Jedes Zimmer, jeden Schluff, jede Abstellkammer kennt er in diesem Kloster. Hier drin ist er noch nicht gewesen. Es ist nämlich so. Von allen hier im Haus sind es wohl nur zwei oder drei Personen, die hier hineindürfen. Niemand weiß genau wie viele und wer. Außer Vitus. Er weiß, es ist nur ein einziger. Er selbst. Allen anderen ist der Zutritt verwehrt. Eigentlich hätte Birtler draußen bleiben müssen. Eingetreten ist er, weil er hierher bestellt ist. Neugierig auf das Zimmer ist er natürlich schon lange.

Es ist wirklich ein absonderlicher Raum. Als die Tür sich hinter im schließt, bemerkt er das Zahlenschloß. Er steht im Dunkeln. Ihn überläuft's. Der Raum ist fensterlos. Von oben fällt durch eine Luke etwas Licht ein. Sie ist mit schwerem Gitterwerk gesichert. Auf einer Tischplatte steht eine Lampe parat. Durch eine weitere Luke in der Wand, die auch vergittert ist, sieht man nach nebenan in den Büchersaal. Er ist ringsherum mit Stellwänden gesäumt, vom Boden bis zur Decke. Eingestellt sind dort die Bücher, die ohne besondere Erlaubnis gelesen werden dürfen. Von den Mönchen freilich nur, Laienbrüdern ist die Handarbeit zugewiesen. In der Bibliothek haben sie nichts zu suchen. Dort in der Bücherei üben sich die Mönche im Waffendienst. Sie wappnen sich mit den Schwertern des Glaubens. Tag um Tag tun sie es. Stündlich tun sie es. Immerzu rüsten sie sich. Bollwerk sind sie im Kampf gegen die, die nicht glauben. Erzene Bastion im Störfeuer der Vernunft. Prellbock gegen den Ansturm der Scharen des Antichrist. Armarium, Rüstkammer, nennen sie ihren Büchersaal.

Gewöhnlich ist nebenan reges Treiben. Heute nicht. Nur ein Mönch sitzt drüben, einer ganz allein. Einer muß immer da sein. Der, dem anvertraut ist, die Bücher auszuleihen.

Tage der inneren Einkehr, das bedeutet, Zivilpersonen folgen einer Einberufung ins Kloster und Mönche exerzieren mit ihnen, waschen sie von ihren Sünden rein, reichen ihnen Nahrung für Leib und Seele, rüsten sie geistig auf. An Einkehrtagen bleibt daher der Büchersaal leer. Der Mönch dort überprüft dann die Bestände oder bessert Buchrücken aus. Juristische Bücher und solche, deren Inhalt von den Glaubenssätzen abweicht, ihnen widerspricht, gehören nicht zum Rüstzeug der Mönche. So will es das Heilige Offizium. Sie werden im Raum der verbotenen Bücher verwahrt, in Schränken mit gesicherten Türen. Ganze Welten liegen hier unter Verschluß, weil es andere Welten, Gegenwelten sind.

Vitus ist doppelt promoviert, in Dogmatik und in Rechtsmethodik. Hier in der Giftkammer, hier im Arsenarium unterhält er einen Schreibtisch, einen Stuhl, eine Leselampe, ein Telefon und wie seinerzeit im Krieg als Konservator, eine drahtlose Verbindung. Von der Leselampe macht er selten Gebrauch. Im Halbdunkel hält er die indizierten Bücher verschreint. Über Sprechfunk steht er mit Oberst Klauke in Kontakt. Der hat ihm vorhin durchgegeben: da stimmt was nicht, die rechte Flanke klafft, da haben wir ein Loch! Für Vitus war das Grund genug Order zu geben: der Bruder Jonas sofort zu mir!

Sie stehen einander im Raum der verbotenen Bücher nahe gegenüber. Das matte Licht vergröbert die Linien in Vitus' Gesicht, es wirkt zerfurcht. Über der Nase zerschneiden drei senkrechte Falten seine Stirn. Die Augen hart und starr. Er hebt nicht den Kopf, während er Jonas verpflichtet:

»Wir müssen wachsam sein.«

»Ja.«

»Ich verlange höchste Vigilanz.«

»Äußerst wachsam zu sein, verspreche ich.«

»Strikte Loyalität.«

»Ich gelobe sie.«

»Und Gehorsam.«

»Ja, auch gehorsam will ich sein.«

»Es ist der Ernstfall.«

»Wie bitte -?«

»Du bist Soldat gewesen. Frage nicht.«

Mit rascher Bewegung wirft Vitus sich die Kapuze über. Tief fällt sie ihm in die Stirn. Unter dem Saum schimmern die Reflexe der Brillengläser. Das Gesicht liegt dunkel. So, nur ein bewegter Schatten, geht er. Bekreuzigt sich und öffnet die Schränke. Einen nach dem anderen. Schwere, lederne Buchrücken starren heraus. Ihre Reihen sind lückenlos. Die Schriftprägungen in

Gold, in Kobaltblau kann Birtler im fahlen Lichtschein nicht entziffern. Lesen kann er sie schon gar nicht. Es ist Latein, Hebräisch, Griechisch, wovon er nichts versteht.

»Hier hast du«, erklärt Vitus, »was wir bis herauf in die Neuzeit an Verirrungen des menschlichen Geistes, was wir an wahrem Teufelswerk alles schon bekämpft, ausgelöscht und überwunden haben. Überwunden – man täusche sich nicht. Unter der Asche schwelt die Glut. Erhebt sich ein Wind, kann rasch neues Feuer aufspringen, glaubensverzehrendes Feuer. Deshalb geschieht alles, damit sich in unseren Reihen kein Wind erhebt, der den Glaubenszweifel anfacht.«

Er schließt die Schranktüren, braucht sie nur anzutippen und schon fahren sie zu, und wendet sich dem letzten, bisher verschlossenen Schrank zu. Darin sind die Bücher neueren Zuschnitts, meist in Leinen gebunden. Alle stehen sie verkehrt herum, die Buchrücken der Wand zugekehrt. Wer sie verfaßt hat, wie ihre Titel lauten bleibt verborgen.

»Das hier«, so beschwört Vitus, »ist die Herausforderung des Bösen in unserer Zeit. Die neue Ketzerei. Die Ketzerei aus Trier. Wir auf der Gottesseite der Welt berufen uns auf Betlehem. Die auf der anderen Seite, auf der Teufelsseite der Welt, die in Moskau, Pankow, Peking, Pjöngjang, berufen sich auf Trier.«

Vitus nimmt eines dieser Bücher aus dem Schrank, öffnet es wie beiläufig und klappt es mit unmerklich geführtem Schwenk aus der Schulter scharf wieder zu, als Birtler hinzutritt.

»Wir aber hier in Himmerod«, schließt Vitus seine Rede und Heftigkeit springt ihm aus den Brillengläsern, »wir schaffen die neuen Fakten. Wir schließen die Lücke an der Elbe. Wir werfen den Damm auf. Wir führen die Kreuzzüge der Gegenwart. Wir, die Söhne des Heiligen Bernhard. Von Himmerod aus, so wird man einst rühmen, ist im Dunkel, in der Trübsal, in der Verzweiflung der Nacht wieder der Stern aufgegangen.«

Die heute im Kloster erwarteten Gäste, die Architekten sind gar keine, erfährt Birtler nun. Keine Architekten im Wortsinn. Dennoch Architekten. Es sind Sachkenner, darunter Verfemte, mit deren Hilfe die neuen Fakten geschaffen werden sollen. Sie dürften gar nicht zusammenkommen, um über neue Fakten diesseits der Elbe nachzudenken, die Lage in Pusan zu erörtern. Und doch kommen sie zusammen, müssen es unbemerkt tun. Unbemerkt! Das ist nur zu machen an einem Ort, wo niemand sie vermutet.

Pater Vitus ist auf dem Punkt.

Dazu gehöre, fährt er fort, eine verläßliche Abschottung des Klosterareals. Das Tor in der Südmauer stehe noch offen. Sofort hinzugehen und es zu schließen, es zu verriegeln und niemanden einzulassen, auch nicht den, der in klösterlicher Tracht dort versonnen und verdöst im Gras liegt und wohl gern wieder herein möchte – nein! Auch den nicht einzulassen, das sei, so raunt Vitus in vertraulichem Ton Birtler zu, der ihm hiermit erteilte Auftrag. Das zum einen. Zum anderen gelte es, die Küche vorzüglich mit Fisch zu versorgen. Die Gäste seien verdiente Herren. Da sie nicht kämen, um Buße zu tun und zu bereuen, hätten sie Anspruch auf eine Bewirtung ohne die für sie lästigen Zwänge der Ordensregel. Ergo, so gut und so reichlich, wie es hochgestellten Personen zukomme.

Birtler, schon in der Tür, wendet auf dem Absatz um.

»Himmeroder Hecht. Exzellenter, toller Hecht. Das ist zu machen. Jawoll!«, schlägt die Hacken zusammen in alter Manier – es knallt nicht, klatscht nur schlapp, hat ja keine Stiefel an.

Draußen, so schnell kann es gehen, ist das Wetter umgeschlagen. Über die Kimme des Hühnerkopfs, von Westen herbei ragt gezacktes Wolkengedräu. So kommt es Birtler vor. Hooi-Hooi, hört er auf den Drähten der Hochspannungsleitung eine Windböe harfen. Unten im Tal spielt sie Kesseltreiben. Wie das fegt und sich bewegt! Ein Ansturm ist das, Heissa-Hussa, ein Gedräng. Erinnert ihn an Jagd, wilde, verwegene Jagd. Jetzt gilt es, es gilt!

Er könnte Männer zusammenbringen. Viele von der alten schwarzen Garde kennt er noch. Lützow – Wie wär's? Eine Rotte verschworener Männer sammeln, sie organisieren, anführen. Die Rotte derer von Himmerod – die Himmerrotte! Hei, das wär' wieder ein Leben! Im richtigen Moment fügt sich alles wieder zusammen. Kürzlich hat er oben im Faschinenwald eine famose Entdeckung gemacht. Dort gibt es in einem vergessenen Schieferstollen noch Waffen, Stücke aus alten Wehrmachtsbeständen, alles noch ziemlich intakt. Und Dynamit lagert dort, Sprengmittel aller Art sind da zu haben. Eine Fundgrube für das, was jetzt gebraucht wird. Auf denn zu einem neuen großen Halali: Franzosenjagd! Lützow – ja Freikorps – drauf und dran! Der militärische Geist ist etwas Mystisches, so hört er in seinem Kopf sagen. Der Waffendienst ist wie eine Berufung zum Priesteramt, Kampfgeist ist der Glaube an die Religion ehrenwerter Männer wie wir.

Seine Hausschlappen hat Jonas von den Füßen genommen und sich hinter den Hosenbund gesteckt. Die Wege im Klostergarten sind mit Steinstreu bedeckt. Kies ist es nicht. Nein, nicht runder, fußsanfter Kies. In scharfen Steinsplitt tritt er. Macht ihm nichts aus. Glasscherben könnten es sein oder Dornen, drüber hinweggegangen wäre er, ohne sie zu spüren. Hirn und Herz dröhnen ihm vor Entzücken. Er steht in der Gunst des Paters! Die Welt ist grau, die Welt ist schön, er will mit mir zusammengehn! Damit ist alles gewonnen. Verflogen die Ungewißheit, vergessen aller Unmut. Hinter ihm liegen die Stationen der Angst, vor ihm die Katarakte neuer Ereignisse. Für morgen hat er nichts mehr zu befürchten. Der Pater favorisiert ihn. In seine Geheimnisse hat er ihn eingeweiht, trocken und verkniffen wie der Kardinal von Köln. Und in seinem Plan ihm eine Rolle zugedacht. Wunsch und Wirklichkeit sind damit eins.

Er, Horst Birtler, trägt in seiner Achselhöhle die SS-Tätowierung. Leicht hätte er sie sich wegmachen lassen können. Viele haben sie sich wegmachen lassen. Er nicht. Weggemacht oder nicht, die Idee ist ihm unauslöschlich. Schon einmal war er angesetzt auf die Gefolgschaft des Trierer Juden Marx. Und schon einmal auf die Franzosen. Gelegenheit dazu ist nun wieder. Lachhaft die alte Gräuelmär vom heiligen Bruno. Jetzt weht der Wind wieder anders. Der Pater protegiert ihn. Für morgen ist alles klar. Verzichten kann er jetzt auf so Mätzchen wie Streichhölzer- und Fischgrätenbastelei. Krachend knautscht er den Kililansdom zusammen. Und wäre unter seinen Füßen heute bloßer Stacheldraht, klaglos, ohne einen Muckser, wie ein Fakir wäre er darüber hinweggegangen, unverletzt. Selbst Feuer unter seinen Füßen hätte ihm nichts ausgemacht. In seinem Kopf jubelt es. Freudig hämmert es in seiner Brust.

Eben schlägt, als er das Tor der Südmauer erreicht, die Klosterglocke an. Eifrig kommt sie auf Touren. Schrill zinkt es aus den Schalllöchern im Dachreiter auf der Abtei. Es ist die Betglocke. Der Meßner zieht sie immer wenn es an der Zeit ist, die Mönche zur gemeinsamen Betstunde zu versammeln. Früh um sechs beginnt der Klostertag. Seitdem sind neun Stunden vergangen. Es ist die neunte Hore, sie wird gemeinsam gebetet. Es läutet zur Non.

NON

Der Abt sucht Erleuchtung

Alle lassen sie, sobald sie es läuten hören, ihre Arbeit ruhen. Sie gehen und waschen sich, kleiden sich um. Im langen, weißen Chorkleid reihen sie sich ihrer Rangfolge nach hintereinander und kommen so zur Kirche. Ihre Kirche ist ein Provisorium. Eine Zimmerflucht, deren Zwischenwände entfernt sind, dient ihnen als Kirchenraum. Darin sind sie nun zum gemeinsamen Stundengebet versammelt. Im Chorgestühl stellt sich jeder an seinen Platz. Die Non ist das Stundengebet, das sie am würdigsten begehen. Die neunte Tagesstunde gilt ihnen als die Todesstunde ihres Herren.

Sie stehen zum Altar hingewendet. Den Altar schmückt ein dreiteiliges Tafelbild. In Öl ausgeführt ist das Hinscheiden Christi auf Golgatha. Das hohe Mittelfeld zeigt den Herrn am Kreuz. Die seinen Tod betrauern, figurieren auf den Seitenflächen: die Mutter, die Frauen, die Jünger, Simon von Cyrene. Während der Non und solange sie dauert, bleiben die Mönche stehen. Was sie auch beten, was aus der Schrift sie auch lesen und was sie singen, sie tun es in getragenem, gleichbleibendem Tonfall, halblaut. Der Raum, in dem es geschieht, ist so schmal und so niedrig, daß frei sich entfaltender Wohlklang ausbleibt. Das stört sie schon lange nicht mehr, denn sie wissen: bald haben sie, was sie brauchen, ein richtiges Gotteshaus, mehrschiffig und hoch ausgewölbt. Ein Raum von erhabener Resonanz wird es sein, eine Aula von kathedraler Akustik.

Der Abt kniet.

Der schwere Körper lastet auf den Knien. Der Fußboden der Zimmerkirche ist aus Holz gefügt. Die Bretter sind genagelt, ihre Fugen klaffen auseinander, Nagelköpfe stehen heraus. Der Abt könnte sich ein Kissen unterlegen. Manch einer der Mönche hat, wenn es drum geht, niederzuknien und auf den Knien eine Zeitlang auszuharren, ein Kissen bereit. Andere, die sich scheuen, mit einem Kissen gesehen zu werden, tragen Polster an den Kniescheiben. Unter der Klostertracht bleiben Knieschoner verborgen.

Der Abt kniet, ohne sich zu schonen.

Die Regel gestattet Alten und Kranken, zu denen der Abt sich schon zählen könnte, Erleichterung. Überhaupt hätte der Abt während der Non stehen bleiben können, wie es alle tun und wie es ja auch ausreicht.

Doch er kniet. Er allein kniet.

Er kniet, weil zu knien, spürbar zu knien, die ihm wichtigste Körperhaltung ist.

Er hat Tage, da geht während der Horen eine Klarheit in ihm auf, wie er sie anders nicht erreicht. Er mag die Vokalmonotonie, die ihn während der Horen umgibt. Die Non ist von allen Stundengebeten das eintönigste, ihm das liebste. Auf den Knien im Gebet bin ich, so hat er selber einmal gesagt, dem Quell des Sublimen, dem Urgrund des Kognitiven ziemlich nahe. Wer weiß, vielleicht ist er monastisch geworden, weil er ohne dieses Medium nur halb so klar sieht. Für ihn ist die Nachfolge Christi ein Weg, den man mit verbundenen Augen gehen kann, wohin er auch führt.

Hin und wieder geschieht es aber, daß der Abt aus der Andacht fällt und sich von Weltkram okkupieren läßt. Er hat sich angewöhnt, Probleme, die ihn beschäftigen, und anstehende Entscheidungen bis zur nächsten Hore aufzuschieben oder bis zur übernächsten und so fort. Er hat herausgefunden, von seinen

Erkenntnissen sind diejenigen stets die brauchbarsten, die ihm kniend zufallen.

Auf ihrem Weg zur Non hat Vitus den Abt ersucht, die Non heute nicht in voller Länge abzuhalten, sondern sie ausnahmsweise abzukürzen, weil ja heute diese Leute kämen. Vitus nennt sie ausdauernd Architekten, er kennt das Faible des Abts für Bauleute. Dieses Ansinnen des Paters hat der Abt abgelehnt, da die Leute in Wirklichkeit keine Architekten sind. Vitus, er kommt aus der Köln-Bonner Klerisei, will das nicht einsehen und läßt nichts unversucht, den Abt umzustimmen. Er erklärt ihm, die Herren stünden schon draußen. Sie hätten einen klar umrissenen Auftrag zu erfüllen. Himmerod nimmerot! Sie daran zu hindern hätte verheerende Folgen. Sie auch nur warten zu lassen sei töricht. Ihnen gar vor den Kopf zu stoßen unverzeihlich. Um der Christenheit willen sei unerläßlich, die Herren freundlich zu empfangen, ihnen zu gestatten, hier eine geheime Tagung abzuhalten und darüber nichts verlauten zu lassen. Und vor allem, sie auf der Stelle einzulassen, damit sie mit ihrer Arbeit beginnen können.

Kurz nur bleibt der Abt stehen und ordnet an, die Non heute doppelt so lang zu halten, woraufhin Vitus den Kirchenbau ins Spiel bringt und zu verstehen gibt: leicht sei zu haben, was der koste. In dem Moment ist auch die Betglocke auf dem Höhepunkt angelangt. Ganz zum Schluß schrillt sie immer besonders laut, es eilt dann und keiner darf fehlen.

Sich ausgerechnet heute mit Beten und Psalmieren länger aufhalten zu wollen, als es die Ordensregel vorschreibt, hält Vitus für eine Böswilligkeit des Abts. Doppelt so lang als gewohnt auf den Knien zuzubringen, wird den Abt schwer ankommen, sehr schwer. Vitus hofft inständig, daß der Abt das gar nicht durchsteht.

Und tatsächlich, der Abt knickt ein, fällt vornüber, kaum daß die drei Psalmen des römischen Breviers verklungen sind, mit denen die neunte Tageszeit beginnt. Die kantigen Dielen, auf denen er kniet, schmerzen. Eine Pein, die ihn krümmt. Man eilt herbei, ihn aufzurichten. Der Abt winkt ab. So kehren sie in ihr Chorgestühl zurück und fahren fort, stimmen das Alleluja an.

Der Abt hat die Non auf das Doppelte verlängert, um alles noch einmal gründlich zu überdenken. Dazu braucht er Zeit. Zur Not läßt sich die Non auch leicht auf das Dreifache ausdehnen, wenn man sämtliche Strophen beten oder absingen läßt. In der Vokalmonotonie, die ihn umgibt, fädeln die Fakten sich ein, spulen vor ihm ab. Die Augen hat er geschlossen.

Dreimal hat sich der Abt zu Zeiten als er noch einfacher Mönch gewesen ist, veranlaßt gesehen, über ihm unerträgliche Ereignisse Briefe zu verfassen. Seine Meinung über dreierlei Mißstände, die ihm aufgefallen sind, hat er zu Papier gebracht. Adressiert waren diese Briefe an seine Oberen ultramontan. Ihre Aufmerksamkeit wollte er auf diese Mißstände lenken, weil er das für wichtig hielt. Er bedauert, je älter er wird, diese Briefe, die er damals voller Entrüstung geschrieben hat, niemals abgesandt zu haben. Er wäre, hätten diese Briefe ihre Adressaten erreicht, nicht Abt geworden. Die Welt ist wie sie ist. Sie gibt, auch vor Gott, nur demjenigen Raum, der nicht alle Briefe, die er schreibt und die er versiegelt und die er frankiert und die er zum Briefkasten hinträgt, auch einwirft. Die drei einbehaltenen Episteln, wie er sie im Gespräch mit sich selbst nennt, hat er nicht aus der Hand gegeben, weswegen seine Oberen keinen Grund gesehen haben, ihn nicht zum Abt zu erheben, was ihn, je älter er wird, mehr und mehr betrübt, ja beschämt. Die Episteln liegen in seiner Schublade. Er wird sie, wenn nicht alles täuscht, eines Tages verbrennen.

Die Briefe sind im Kurialstil und in lateinischer Sprache abgefaßt. Sie beginnen alle mit der rhetorischen Floskel: Ob es denn, wie es den Anschein hat, zutrifft, daß … Der sich daran anschließenden Beschreibung des jeweiligen Ereignisses folgt die submisseste Empfehlung: Recht und billig ist es dann wohl, daß wir uns mit aller Kraft und mit Gottes Hilfe dagegen wenden … Jeder Brief endet mit der ausdrücklichen Bitte an seine Oberen, ihn in den Laienbruderstand zurückzuversetzen, falls er mit dem, was er unaufgefordert vorgebracht hat, nicht sollte Beifall gefunden haben. Stets lautet die Schlußsentenz: *Quod scripsi scripsi.*

Der erste Brief 1933 galt den Gottlosen in Berlin, wie er sie bezeichnete. Ob es, wie es den Anschein hat, zutrifft, fragte er in Rom an, daß die Kirche mit ihnen paktiert. Auf einem Foto in der Zeitung ist zu sehen: sie sitzen mit dem apostolischen Nuntius Pacelli an einem Tisch und scherzen und sind guter Dinge. Mit ihnen ein Konkordat zu schließen kommt einem Pakt mit dem Teufel gleich. Sie hetzen Juden, Kommunisten, Sozialisten. Sie stecken sie in Konzentrationslager. Unseren Bischöfen und Äbten abzuverlangen, daß sie diesen Gottlosen einen Treueid leisten, wird beim Kirchenvolk heillose Verwirrung stiften. Nicht bloß bei dem. Nicht nur bei den Schafen und Lämmern. Gewiß auch bei den Hirten. Recht und billig ist es daher, den Nazis zu widerstehen.

Kurz darauf, noch im selben Jahr 1933, wandte er sich gegen die Gottlosen in Trier. Es war in den Tagen, als dort der Heilige Rock ausgestellt wurde. Es hat den Anschein, schrieb er, die Kirche will sich im Angesicht der Reliquie Unseres Herrn mit ihnen gemein machen. Sie halten in Braunhemden und unter

Hakenkreuzfahnen Ehrenwache am Dom. Den hiesigen und den aus aller Welt einziehenden Pilgern bilden sie Spalier. Sie halten ihnen ihre Spruchbänder entgegen. Mit Trommeln und Fanfaren begleiten sie die Prozessionen. Den Sakramentalien erweisen sie ihren Hitlergruß, der hohen Geistlichkeit ihre martialische Reverenz. Unwidersprochen tun sie es. Niemand hindert sie. Christus ist der Herr. Ihn anzurufen, damit er diesem Sturm Einhalt gebietet, bevor das Boot in den Abgrund gerissen wird, ist daher nicht nur recht und billig, sondern das Gebot der Stunde.

Auf die Gottlosen in Nürnberg bezog er sich 1935, als dort die Rassengesetzte ans Licht kamen. Gott ist die Liebe. Wehret dem Satan. Wehret ihm! Sonst kommen gnadenlose Gewalt, namenloses Elend, Tod, Verderben und unauslöschliche Schande über uns. Ich entsage meinem Kapitelrecht. Das Mönchsgewand lege ich ab. Mit dem grauen Tuch der körperlichen Mühsal begnüge ich mich und mit dem knotigen Strick um den Leib. Auf der Stelle tue ich es, sollte für Euch, meine Oberen, sobald Ihr lest, was ich geschrieben habe, Anlaß bestehen, mich zurechtzuweisen. Gottbefohlen. Amen.

Im November 1938, damals ist er schon Abt in Himmerod, wollte er nochmals einen Brief an seine Oberen in Rom schreiben und den aber ganz bestimmt auch absenden. Dieser Brief ist nicht einmal geschrieben worden. Er war nicht mehr imstande, Sätze zu formulieren, die Hand auf dem Papier versagte ihm. Er hatte Hitler gehuldigt und seit diesem Treueid seine Mitte verloren. Hinzu kam, er soll damals an zwei Tagen in Wittlich gewesen sein und dort schockierende Erlebnisse gehabt haben, worüber freilich eine Äußerung von ihm selbst nicht verbürgt ist.

Nachricht darüber gibt es nur von einem Gewährsmann, dem Devotionalienhändler Harling, einem mit den Himmeroder Verhältnissen hinlänglich vertrauten Wittlicher Bürger. Von dem ist bekannt, daß er in der Nacht vom neunten auf den zehnten November in den Straßen von Wittlich einem barfüßigen Zisterzienser Laienbruder begegnet ist. Einem zunächst vermeintlichen Laienbruder, der aber bei näherem Hinsehen höchstselbst der Abt von Himmerod gewesen sei. Harling ist rechtschaffen und gilt als glaubwürdig. Harling zufolge ist der Abt damals inkognito in Wittlich gewesen – barfuß. Das will viel heißen, denn von Himmerod nach Wittlich ist es ziemlich weit, selbst wenn man die kurzen Wege weiß. Und es über Stock und Stein zu tun, will noch viel mehr heißen. Harling hat wissen lassen, der Abt sei nach Wittlich gelaufen, weil er am Himmel über der Stadt Feuerschein gesehen habe.

Zwar sei dem Landrat von Wittlich ein Funkspruch zugegangen, wonach Brandlegungen zu vermeiden seien. Die Synagoge habe aber noch unter Brandgeruch gestanden bis zum anderen Nachmittag, als Wittlich Garnisonsstadt geworden ist. Als nämlich die Soldaten der Wehrmacht mit Schinderassabum und unter Heilrufen und Fähnchenwinken der Bevölkerung in die neuerbauten Kasernen eingezogen sind. Der Militärkolonne hinterher sei, in gebührendem Abstand, versteht sich, wie ein Hund an eine Schnur gebunden und mit Fußtritten drangsaliert, einer der Juden geführt worden. Aus den Häusern wehten Hakenkreuzfahnen.

Ausgeräuchert, ausgeplündert, ausgetrieben und schon abtransportiert waren die Juden, als der Abt in Wittlich angelangte. Nur noch den Rauch hier und da über ihren Häusern hat der Abt gesehen. Und auf den Straßen die Glasscherben und die zu Kleinholz zerschlagenen Möbel. Aus der Wohnung einer Konzertsängerin hat unter den Axthieben eines SA-Mannes ein Klavier qualvolle Töne von sich gegeben. Geklungen hat es wie ein Elefant schreit, dem mit einer Eisenstange Hiebe auf die Stirn versetzt werden. Schaulustige haben überall, wo Juden wohnten, die ganze Nacht ausgeharrt. Nahezu dreihundert Juden waren in Wittlich registriert. In der Synagoge war noch Flammenflackerschein zu sehen. Rechtzeitig zum frühmorgendlichen Gotteslob war der Abt im Kloster wieder zurück. Herb hat oben im Türmchen die Glocke geschallt.

Seither kennt man den Himmeroder Abt als einen stillen, in sich gekehrten, sanften Mann. Er lebt zurückgezogen und ist gleichwohl im Kloster allgegenwärtig. Er wirkt mit unsichtbarer, aber sicherer Hand. Wo es zu helfen, wo es zu trösten, wo es zu ermutigen gilt, ist er zur Stelle. Seit 1938 schreibt er keine anklagenden Briefe mehr. Er handelt. Im Türspalt steht er und winkt herein. Was nicht zu übersehen ist, er kapriziert sich. Immer und immer wieder läßt er Entwürfe für die neue Abteikirche fertigen und bedeckt damit die Wände seines Zimmers. Da ist ihm dann das Bild des Zwölften Pius oft genug im Weg. Über Pacelli hinweg pinnt er die Blaupausen, scheut sich nicht.

Weiter erinnert sich der Abt, während er zur Non kniet:

Noch in der Zeit vor dem Krieg war eines Tages eine Rotte Rüden über die Klostermauer eingefallen. Spürhunde. Spürhunde wie sie sind an Eskaladierwänden erprobt. Schäferhunde. An der Eskaladierwand übt der Deutsche Schäferhund bedingungslosen Gehorsam, Unterordnung und Schußfestigkeit. Bluthunde. Mit der Klostermauer, sie ist übermannshoch, hatten sie keine Mühe – heep! Und sie waren drüberweg. Mit geschärften Sinnen und andressierter Besessenheit suchten sie zum Entsetzen aller, die es mitansahen, das Gelände im Klostergeviert systematisch ab. Die Hundeführer standen draußen, ließen dünne, nervige Pfiffe hören. Sie steckten in langen Ledermänteln, Hüte hatten sie auf mit breit abfallenden Krempen. Sicherungsbügel von Faustfeuerwaffen klickten. Einer von ihnen zückte eine Handfessel, sobald augenscheinlich war, daß die Hunde Witterung aufgenommen und von allen Seiten her auf einer Spur sich eingefunden hatten. Sie liefen jetzt, liefen und liefen alle in eine Richtung, hetzten, hechelten, hatten Schaum an den Lefzen. Jeder von ihnen wollte als Erster am Endpunkt dieser Spur sein. An den Karnickelkästen des Gärtners stürmten sie vorbei und verschwanden im Gerümpelschuppen. Der Gärtner brauchte, um allem ein Ende zu machen, die Schuppentür nur zu schließen. Drinnen ging es hoch her, seine Hündin war heiß. Die Rüden hackten und bissen sich um sie. Die Gestapo auszulachen erschien zu riskant. Die Mönche wußten sich zu helfen. Mönche können lachen, schallend lachen, ohne daß man es ihnen anmerkt. Sobald die Rüden über die Mauer zurückgepfiffen waren, wurden sie niedergestreckt. Nicht totgemacht. Mit kalter Präzision erstmal halbtotgemacht, damit sie noch lange und gründlich zu leiden hatten. Und dann weggeschafft auf die Art, wie man Schindluder wegschafft.

Während der darauffolgenden Non war dem Abt auf einmal ganz anders. Zwölf Jahre sind keine Zeit. Über den Sprung der Jahre ist es ihm, als wär' es heute, was er damals erlebte:

Vorn das Allerheiligste. Die Mönche verbeugen sich tief vor den weinenden Gesichtern der heiligen Gestalten. Aus schwingendem Gefäß quillt Weihrauch. Eine Litanei ist zu hören, wie zur Drehorgel gesungen. Der Oberkörper des Abtes schwankt vor und zurück, die Augen gehen ins Leere. Vor ihm auf dem Altar über dem Tabernakel, spricht jemand zu ihm. Er hört den Schmerzensmann am Kreuz. Eine Bewegung huscht über das Tableau von Golgatha. Die Weinenden schauen zur Seite, sie blicken aus dem Bild, sehen den Abt an, heben die Hand wie zum Zeichen: steh auf und tu wie dir geheißen. Er geht durch den Torbogen an der Pforte über den Wiesenweg hinunter, überquert unter hängenden Weiden- und Haselsträuchern die Salmbachbrücke und wendet sich bachabwärts. Hinterm Berg verglimmt Abendschein.

Der Mann, der in der Uferböschung liegt, Gregor Kuckoff, sieht ihn kommen, läßt sich ins Wasser zurückgleiten, als er erkennt: der steuert auf dich zu. Er holt tief Luft, packt die Lungen voll und taucht unter, drückt sich platt an den Bachgrund, eng zwischen den Wacken, und hält, damit keine Blasen aufsteigen, die ihn verraten können, den Atem an. Lange bleibt der Abt stehen, weil er meint, er hat einen Toten vor sich, eine Wasserleiche mit kahlgeschorenem Schädel, eine in Häftlingskleidern. Also dem hat die Hatz gegolten, auf den war die Meute angesetzt.

Der Mann bewegt sich – er lebt. Der Abt hilft ihm auf die Beine. An Jacke und Hosenbein ist das rote Dreieck aufgenäht und die Matrikel eingeschrieben – ein Politischer. Der Abt nennt ihn Basil. Sagt zu ihm, dir hat der Herr geholfen. Beteuert ihm, dem Ruf des Herrn bin ich gefolgt. Schließt ihn in seine Arme. Im Zimmer des Abts befällt Gregor Kuckoff stoßweises Zittern. Heiß und kalt ist ihm. Mitten ins Zimmer muß er sich erbrechen. Fadenziehender Schleim, seit Tagen hat er nichts mehr gegessen. Er ist Fachmann im Handdruckverfahren, wegen Vorbereitung zum Hochverrat zu Zuchthausstrafe verurteilt, genauer wegen Herstellung und Verbreitung illegaler Flugblätter. Nach Teilverbüßung wird er in ein Konzentrationslager überstellt, ist auf Transport gewesen und von der Verladerampe in Wittlich ihnen entkommen, vorgestern. Einen Streifschuß hat er abgekriegt. Er ist gelaufen, ist gerannt und ihnen wahrhaftig entkommen. Bis sie die Hunde herbei hatten, lag er schon im Wasser. Es kühlte ihn, frischte ihn auf, barg ihn vor den Hunden. Er watete, stolperte, stürzte immerzu bachaufwärts. Erstmal da oben in die Wälder eintauchen, tief in die Wälder. Er hat sich immer wieder geduckt, sobald sie wieder heran waren, die Henker und ihre Hunde. Und er hat immer wieder unter Wasser die Luft angehalten bis er blau wurde, fast erstickte. Heut Mittag hat er selber mitangesehen, was sie im Kloster alles angestellt haben, um ihn zu kriegen. Und er hat erkannt: für diesmal haben sie ihre Wut an den Hunden ausgelassen.

Gregor Kuckoff ist in keiner Himmeroder Liste verzeichnet. Eingeschrieben ist ein Basilius, Basil. Genauso hat der Abt den Horst Birtler gedeckt. Nicht anders gedenkt der Abt auch mit Guido Pagels zu verfahren, sobald die heutige Non zu Ende ist. Der steckt schon in der Kutte. Morgen wird er in Klausur genommen und geschoren. Den Haarkranz kriegt er und bald auch die Tonsur. Felix heißt er, unabänderlich Felix. Sein Sohn hat einen Vater, der nach Unbekannt verzogen ist und nach Unbekannt verzogen bleibt. Der Abt schreibt keine lateinischen Episteln mehr. Wer Schutz braucht, dem gewährt er Schutz.

Was wohl den Guido bewogen hat, zurückzukommen? Daß es um Himmelswillen nicht Marthas wegen geschehen ist, hofft der Abt auf seinen Knien inständig. Um Martha Käbs, geborene Plein, fürchtet er. Sorgen macht er sich um den Bestand ihrer christlichen Ehe, die er, der Abt von Himmerod, gestiftet hat. Wie steht so jemand da vor Gott – mit einem Kind, aber ohne Mann. Betrieben hat er deshalb die Trauung und sie vollzogen aus rein pastoralen Gründen – ein Fehler, den er sich jetzt vorzuwerfen hat. Denn nebensächlich ist ihm dabei gewesen die Unzulänglichkeit dieses Kurt Käbs. Absolvent der landwirtschaftlichen Winterschule, Viehhändler, Saatgutsortimenter, Anhänger des Fußballsports. Kein Spiel, wo es auch stattfindet, läßt er aus, prügelt selber den Ball, kickt, wo man ihn kicken läßt und redet mit in der Partei. Zwar ist es die richtige Partei, aber das ist es ja, daß in dieser Partei auch jemand Gehör findet, der so unausstehlich ist wie dieser Käbs – Marthas Ehemann.

Martha wäre wohl noch zu helfen, wenn sie nur käme, um wieder zu beichten. Dessen ist sich der Abt gewiß. Doch sie läßt schon lange nichts mehr von sich hören. Wiederholt hat er ihr geistlichen Beistand angeboten. Sie verweigert sich dem. Sie lebt in Sünde mit Basil, sie Fremdsprachenkorrespondentin in Wittlich mit weitläufigen Beziehungen ins Ausland, er von enzyklopädischer Belesenheit und, wenn's ihm drauf ankommt, von eindringlichem Welternst.

Wenn es Basil drauf ankommt, dann geht er den Abt direkt an und redet Klartext mit ihm. Wie beispielsweise gestern, als er ihn drängte: wir dürfen diese Leute nicht hier reinlassen, sie sind Generäle des Teufels, Hitleroffiziere, die der Strafverfolgung von Kriegsverbrechen unterliegen und die sich mit dem, was sie hier erreichen möchten, neuerlich strafbar machen, nämlich schon wieder deutsche Soldaten, Kanonen, Bomber, U-Boote zu haben und ihre früheren SS-Kameraden endlich freizubekommen. Lebenslänglich steht darauf. Willkommener Anlaß ist ihnen der Krieg in Korea. Eine neue Wehrmacht wollen sie haben, die schon bis ins nächste Frühjahr fähig ist …

Während der Non sucht der Abt Erleuchtung auch über Korea.

Auf der Reede von Pusan liegt die *Missouri* vor Anker, das Flaggschiff des pazifischen Geschwaders der Vereinigten Staaten von Amerika. Zunächst hatte MacArthur Mühe gehabt, drohender Umklammerung zu entgehen. Neuerdings strebt er mit schwimmenden, fliegenden und über Land vorrückenden Verbänden offensiv in nördliche Richtung. Zur Stunde überschreitet er den achtunddreißigsten Breitengrad, die Grenzlinie der seit fünf Jahren zweigeteilten Halbinsel Korea. Die Zeitungen berichten täglich über diesen Krieg. Fotografiert wird der oberste Kriegsherr MacArthur stets mit geöffnetem Feldblusenkragen, Uniformjacke trägt er offenbar nie. Lässig hat er die Hände in die Seiten gestützt. Typ *elderly sportsman,* trägt eine imposante, brokatgewirkte Schirmmütze. Steht ihm gut. Muß man ihm lassen.

Er scheint noch viel vor zu haben. Interviews, die er den Zeitungsleuten gibt, lassen kaum einen Zweifel daran. Gern möchte er, hat er geäußert, noch hinauf an den Gelben Fluß. Hinüber nach Peking drängt es ihn, um die Kommunisten wie Tiere abzuschlachten. So zitieren ihn die Zeitungsleute. Ein Dementi gibt es nicht. Er plant ein Remake von Hiroshima und Nagasaki – diesmal in China. Wer weiß wo vielleicht sonst noch. Er hat vor, mit alldem Dwight D. Eisenhower, den gefeierten Sieger auf dem europäischen Kriegstheater, in den Schatten zu stellen und – so Gott will – sich in Washington D.C. niederzulassen, dort im Ovalen Zimmer Harry S. Trumans. *So Long, Harry!*

Soldaten sind das Edelste, was die Menschheit hervorgebracht hat, sagt MacArthur zu den Journalisten. Seine Soldaten meint er damit. Und die, weil sie großartig finden, was er über sie denkt, sagen, er ist der größte Soldat, den es gibt. Siebzig ist er jetzt.

In der Himmeroder Zimmerkirche geht der Chorgesang der Mönche in einen Wechselgesang über. Vielstimmig und sonor getragen erhebt sich der Hymnus.

Ein anderer alter Mann, diesmal in Bonn, läßt in den Zeitungen drucken: Asien steht an der Elbe. Bei den Wählern weckt er die Befürchtung, es könnten koreanische Zustände auch bei uns entstehen. Die Deutschen von jenseits der Elbe, so streut er unter das Volk, könnten auf die Idee verfallen, sich bewaffnet herüber an den Rhein zu begeben. Wer weiß, wohin sonst noch. Ohne Soldaten werden wir das nicht verhindern können, dekretiert er im kleinsten Kreis hinter verschlossenen Türen. Ohne eigene Soldaten, meint er damit. Umgekehrt halten die Deutschen von diesseits der Elbe ihn für einen großen Mann. Vierundsiebzig ist er jetzt und selber nie Soldat gewesen. Um sich sachkundig zu machen, hat er daher altgediente Fachleute, eben jene Hitlergeneräle, hierher nach Himmerod einberufen, damit sie ihm für die neuen Divisionen, die er aufstellen möchte, Sollstärken nennen und griffige Argumente liefern – strikt geheim, versteht sich.

Durchgesickert ist bis nach Himmerod, die Generäle hätten diesem Mann in Bonn die Sicherheitsfrage gestellt: Ständiger Begleiter des Soldaten sei der Tod und auf dem Felde der Ehre zu sterben ein Verdienst. Aber lebenslang ins Loch gesteckt zu werden, noch dazu von diesen Franzosen, die ja da, wo dieses Himmerod liegt, das Sagen haben, müßten sie als Schmach empfinden. Ob sie denn sicher sein könnten, dort nicht in eine Falle zu gehen? Mit spöttischer Zunge, für die er ja bekannt ist, hätte der Mann in Bonn Ihnen geantwortet: dat Kloster Himmerod, da sin Sie sischerer noch als in Abrahams Schoß, meine Herrn.

Hier verstummt für einen Moment das Chorgebet der Mönche. Der Abt wankt, balanciert, findet mit den Händen Halt. Weitermachen, winkt er, schön weitermachen!

Neulich hat er Post bekommen. Diesmal haben seine Oberen geschrieben und ihm in brüderlicher Verbundenheit ans Herz gelegt, seine Zurückhaltung aufzugeben, die Klausur zu gestatten. Im Geiste des Heiligen Sebastian, Soldat in Christo.

Überm Lesen ist dem Abt Napoleon eingefallen. Schicksal, das ist die Politik, hatte der gesagt und seine Armeen ausgeschickt. In Himmerod wartet unter Bäumen das Schicksal auf Einlaß. Was, wenn er, der Abt, ihm den Weg freigibt? Später wird einmal, was ich heut auf die Waage der Geschichte lege, exakt gewogen werden. So warnt der Abt den Abt.

VESPER

Die geheimen Herren

Der Abt kommt aus der Non.

Er verlangt nach dem Pater Vitus, ihm zu sagen, was noch zu sagen ist. Er möchte ihn schonen, will ihm, was noch zu sagen ist, in mythologische Watte verpacken. Verbrämung hält er für ein legitimes Mittel der Sanftmut. Vorgenommen hat er sich, dem Pater Vitus zu sagen, es so weit kommen zu lassen, daß unser Kloster zur Skylla wird, zu einem Ungeheuer mit zwölf Füßen, mit sechs Hunds- und sechs Wolfsköpfen, die aus seinem Leib hervorwachsen, bringe er, der Abt, nicht übers Herz. Der Pater Vitus wird dagegensprechen wollen. Darauf ist der Abt vorbereitet. Er sitzt in seinem Zimmer und hat die Beine hochgelegt. Einer Gegenrede des Paters gedenkt er mit der rein persönlich gehaltenen Bitte zuvorzukommen, nichts Dringenderes bedürfe er jetzt als kalter Wickel für seine Knie, der Bruder Basil möge kommen, um ihm welche aufzulegen. Zudem ist der Abt entschlossen, sich weiterhin dem größten Grad der Demut zur Verfügung zu halten und die Laienbruderkutte zu nehmen für den Fall, daß im Tal der Salm Skylla und Charybdis unausweichlich wären.

Es klingelt. Martha ist in der Leitung. Von Frau Bastgen hat sie gehört, Guido ist wieder da. Das Gespräch mit ihr entwickelt sich ermutigend. Der Abt ist zuversichtlich. Er bietet ihr an, auf einen Sprung herüberzukommen, wie in alten Tagen zusammenzusitzen, zu schwatzen, zu erzählen, sich das Herz auszuschütten. Er verspricht sich davon, sie am Ende bußsakramental wieder im Stand der Gnade zu haben. Doch muß er sich damit auf später vertrösten, den Hörer auflegen, denn Basil steht in der Tür. Er hat Vitus dabei. Also, nicht Vitus ist mit Basil gekommen, sondern Basil mit Vitus. Am Ärmel hat er Vitus gefaßt und führt ihn herein. Dem zuckt hektischer Lidschlag über die Augen.

Ja ist es denn die Möglichkeit! Komplizierter kann eine Lage nicht sein. Seine blaugrün melierten Knie bedeckt der Abt wieder. Entblößt hatte er sie und unausgesetzt gefächelt. Eiskalt durchfährt ihn, was er nun von den beiden hört und gibt tatsächlich Anweisung, die, die draußen warten, sofort einzulassen. In höchster Gefahr befänden sie sich. Ihnen aus dieser Gefahr zu helfen, sei striktes, sei oberstes Gebot.

Vitus eilt, die Einlaßbewilligung in die Tat umzusetzen. Basil bittet den Abt, sich der beiden anderen annehmen zu dürfen, die vor dem Klostergebäude soeben abtransportiert worden sind, in Richtung Wittlich, vermutet er. Das Schlimme daran ist, gibt er dem Abt zu verstehen, daß mit dem Verschwinden der beiden auch das obligate Gastmahl in Gefahr ist, denn der vorgesehene Höhepunkt desselben, der Hecht, sei ebenfalls verschwunden.

Dieser Bitte entspricht der Abt, freudig entspricht er ihr. Danach fühlt er sich auf wundersame Weise schmerzfrei. Mit neuer Kraft gibt er seinem Amt Form und Gestalt. Hinter einer Stellwand raschelt er mit seinen Kleidern. Er wechselt die Garderobe. Seinen großen Ornat legt er an, wie er das immer tut, wenn Anlaß dazu besteht. Ein öffentlicher Anlaß. Während er sich umzieht, kreisen auf dem Plattenteller wieder die Caprifischer. Säkular versonnen summt er mit. Pacelli pontifiziert unter Blaupausen.

Das Kloster ist ringsum hermetisch abgeriegelt. Oberst Klauke hat die Schlüsselgewalt. Er verfügt, wer hinaus- und wer herein darf. Der Oberst nennt sich Klauke. Eigentlich heißt er Claussen. Er hält das Haus unter striktem Verschluß.

Hic vere claustrum.

Basil trifft Klauke. Sie tauschen ihre Beobachtungen aus. Klauke hat das Geschehen von oberhalb der Fahrstraße Großlittgen–Kyllburg überblickt mit einem Feldstecher neuesten Fabrikats, dazu von einer Jagdkanzel aus, einem Hochsitz – optimaler Blickwinkel. So behauptet er. Basil hat dem Wetter, das aufgezogen war, nicht getraut. Jeden Moment fürchtete er, der schwere Wolkenzug könne sich über den Bergkämmen entladen. Bis hinunter ins Tal, zum Schaden für sein Herbstasternbeet. Hier stand er, um es mit einer Plane abzudecken, falls ein Unwetter niedergeht. Von seiner Position aus war er dem Geschehen sehr nahe. Er nennt es akustische Idealdistanz. Während die Glocke eiferte und drinnen die Non sich anließ, hat Klauke gesehen und Basil gehört, was sich zugetragen hat. Aus dem Zusammenschnitt der Einzelheiten beider ergibt sich:

Der Berglehne entlang nähert sich der Jeep durch niederes Gehölz auf einem schmalen Weg. Am Gräberfeld der vielen Soldaten, die im Himmeroder Lazarett gestorben sind, hält er kurz an, noch außerhalb des Klosterareals. Drei springen ab, um sich zu erleichtern. Der Fahrer bleibt sitzen. Über das Chassis nach hinten wippt eine lange Antennenrute. Als erster bemerkt Klauke den Jeep. Französisches Armeefahrzeug. Chasseurs auf Patrouillenfahrt, erkennt er sofort. Besatzungstruppen im Herbstmanöver. Teufel! Das fehlt ihm gerade noch! Mit seinem Fernglas holt er sie sich ganz nahe heran. Niedere Chargen, ein Leutnant führt sie an. Dem zieht sich über die Stirn eine brandig rote Schmarre.

Durch das offene Tor der Südmauer fahren die Franzosen auf das Klostergelände, stoppen plötzlich, löschen die Scheinwerfer. Von draußen kommt ihnen ein Mönch nachgelaufen. Unter dem Arm trägt er eine Staffelei und schließt brav das Tor hinter sich. Der lärmende Glockenschwengel und das Autogeräusch haben diesen Mönch aus einer Melancholie zurückgeholt. Schlicht verdöst hat er das inspirierende Moment dieses Tages: die azurne Bläue des Himmels, amorphes, klirrendes Licht.

Hinter dem Jeep das Tor zu schließen ist für Klauke ein unverzeihlicher Fehler, eine Dummheit, wie sie nur Leute begehen können, die für sich in Anspruch nehmen, Künstler zu sein. Soldaten verstehen so etwas als Einschließung, Umzingelung. Der Jeep mit den Franzosen steht an der Kante des Küchenweihers, auch Bernhardsweiher genannt.

Basil, im Vorfeld, hört, daß dieser Mönch sagt:

»So geht's ja nicht, Leute, warum habt ihr bei den Gräbern gepinkelt, das ist nicht fair, wenn einer tot ist.«

Die Franzosen antworten ihm, wie Basil weiter hört:

»Tschuldigung, hast ja recht, aber komm, Junge, und tu, was deine Oma dir sagt, mach das Tor wieder auf!«

Am Tor steht unerwartet sperrig ein anderer Barfüßer, über den Kopf kahlgeschoren. Da der sie nicht an das Tor heran läßt, wollten sie ihn abräumen. So geschieht es dann.

Sirrender Klang in Jonas' Ohren. Wagnerianisch. Sie einfach greifen. Das ergibt vier Gefangene, vier Maschinenpistolen, vier Helme, vier Uniformen. Sich damit in Wittlich unter sie mischen, unerkannt. Und loslegen. Einen Höllenzauber abspulen. Sie dem Ausstoß ihrer eigenen Patronenstreifen aussetzen. Sie bekannt machen mit ihren Eierhandgranaten.

Ouvertüre Götterdämmerung. Doch schon hat der französische Leutnant den Finger am Abzug. Zwei andere gehen den Sperrigen von hinten an. Jonas schlägt über Stirn und Bauch das Kreuz, große Benediktion, und stürzt sich kopfüber ins Wasser. Drahtlos funken die Chasseurs. Und prompt zeigt sich am Waldrand gegenüber ein zweiter Jeep, während unten im nassen Element ein Ballett glitzernder Fischleiber auseinanderstiebt. Flossenschlagend und mit angelegten Kiemen dem Landtier ausweichend, dem Eindringling aus der Trockenheit, über dem, als er den Spiegel der Wasserfläche durchstößt, die Wolkendüsternis entschwindet und unter dem in konturlosem Schleier goldrote, nilgrüne Feengärten sich auftun, behext von basilisken Wasserwesen, von steinernen Moosbeeten, von nickendem Teichtang. Gravitätische Schnecken auf schleimiger Rutsche nehmen keine Notiz. Barsch nörgelt vorüber. Steilab gleitet schnorchelnder Wels. Verloren schwimmen oben auf der Wasserfläche zwei ausgetretene Fußlatschen. Traulich klafft unten ein aufgesperrtes Fischmaul. Schon einmal hat Birtler sich gewünscht, Jonas zu sein und von einem Fischmaul in sicheres Terrain getragen zu werden. Vertraute Begegnung. Flossensanft gleitet der Hecht heran.

Die Franzosen warten. Sie rauchen. Nicht länger als eine Gauloise wird es dauern, bis der wieder auftaucht, dann haben sie ihn. So schätzen sie. Gewöhnlich rauchen sie ihre Gauloises bis auf den letzten Stummel ab.

»Wenn ihr den kriegt, dann habt ihr einen goldenen Fisch«, spornt Guido sie an, er hat Birtler erkannt.

»Ach nee, wieso?«

»Also wenn ihr bloß angeln wollt, behäbig angeln mit Baskenmütze auf und Kippe auf der Lippe – der ist imstande und kriegt euch an den Haken.«

Die Franzosen schauen Guido an als wollen sie sagen: wohl nicht ganz bei Trost, Mönchlein. Der Leutnant nimmt Druckpunktkontakt mit seiner Waffe. Von Indochina, wo er noch bis vor kurzem stationiert war, ist er in die Eifel strafversetzt worden. Der Leutnant schießt halt zu gern, hat seine Wumme öfters zur Unzeit knattern lassen, auch in den Bars von Saigon.

»Na na, wer wird denn auf Fisch schießen«, spöttelt Guido, »auf heiklen Fisch nimmt man Netz.«

Ganz dicht ist der Hecht heran. Er ist ein Tagräuber, von der Morgen- bis zur Abenddämmerung lauert er auf Beute. Schnell stößt er zu, aber nur auf kurze Distanz. Er jagt auf Sicht. Für einen Moment verharrt er frontal, unmittelbar vor Birtler, mit aus den Pupillen hervorgetretenen, kugeligen Linsen. Rhythmisch beben die Kiemen. Das Maul ist aufgesperrt, zeigt seine furchtbare Bezahnung mit starken und spitzen Haken. Hat er einmal zugeschnappt, kann die Beute nicht mehr entkommen, die Zähne weisen rückwärts. Am gierigsten ist er im Herbst, wenn die Kleinfische sich in tiefe Rinnen verzogen haben. Im Herbst fällt er zuweilen auch große Fische an. So einen sieht er jetzt vor sich. Horst Birtlers Mimikry, Verfischung, könnte man sagen, Impiskation.

Bis auf Kleinigkeiten verhält Birtler sich hechtähnlich: lebt räuberisch, hat eine Beißordnung, ist gelernter Kampfschwimmer. Da er und der Hecht sich schon lange kennen, sind sie einander vertraut. Sie blinzeln sich an, die beiden, nicken einander zu. Der Hecht dreht bei. Zutraulich bleibt er neben Birtler, fast auf Tuchfühlung. Sie wiegen sich parallel im Einverständnis und nehmen Kurs auf das Ablaufrohr, Birtler mit kräftigen Schwimmstößen voraus, in seinem Kielwasser der Hecht. Das Gestänge ist seit heute früh verhakt. Er hätte sowieso dorthin müssen, um es in Ordnung zu bringen. Das Wehr muß hochzukriegen sein, sonst ist alles aus. Es versperrt ihm den Weg in den untersten Weiher, von dem aus es eine Leichtigkeit ist, den Franzosen zu entkommen. Der Hecht stellt sich steil, tänzelt, schwingt um die eigene Achse, wirbelt wahre Pirouetten. In ein neues Revier geht's! Ein Hecht ist ein Hecht. Verrückt ist er nach neuer Beute und von unzähmbarem Biß, zumal in seiner Gier im Herbst.

Längst sind die Kippen der Gauloises im Wasser verzischt. Die Franzosen warten am falschen Gewässer. Im unteren Weiher watet der Kahlgeschorene an Land. Vor sich auf den Armen trägt er einen Hecht. Einen stattlichen Hecht. Sein Rumpf wölbt sich so prall und feist, daß er mit nur einem Arm kaum zu umfassen ist. Ein ungewöhnliches, ein seltenes Exemplar von Hecht. Auf die Waage bringt er wohl vierundzwanzig Kilo, wenn nicht dreißig. Ausersehen ist er für morgen. Morgen ist der sechste Oktober. Morgen wird hier Fisch aufgetragen, wie noch keiner war.

»Petri Heil!«, tönt es aus einem Jeep, der unversehens am Weiher aufkreuzt.

Birtler blickt in Gewehrmündungen. Birtler begreift.

Da läßt er den Hecht wieder zu Wasser. Einen Klaps gibt er ihm, als er sich trennt, schaut ihm noch nach. Bewegtes Röhricht markiert den Weg des Fisches in die Deckung.

Birtler hebt beide Arme, streckt sie hoch über den Kopf. Sie holen ihn zu sich in den Jeep. Da sitzt doch tatsächlich der Sanitäter von damals. Kutte hat der an. Wie denn das? Der komische Holzgassanitäter. Nun auch der noch. Kein Unglück kommt allein.

»Grüß Gott«, mönchelt der Ex-Sturmbannführer.

»Grüß Diabel«, erheitert sich Guido.

Durch wie Wälder, durch die Auen rumpeln und rackern die drei Jeeps. Südwärts geht die Fahrt unter lebhaftem Funkverkehr der Franzosen. Über Stock und

Stein nach Wittlich. Wie Birtler und Guido nur zu gut wissen.

Klauke setzt, sobald er ein Problem erkennt, alles daran, ihm beizukommen. Schneller sein als der Gegner, ihm zuvorkommen. Igel sein und nicht Hase ist für Klauke schon der halbe Sieg. Als er erfährt, Basil sucht Kontakt mit den Franzosen, um die Gefangenen freizubekommen, bietet er ihm sein Auto an. Klauke drängt Basil geradezu, den schnellen Borgward zu nehmen, damit er überhaupt eine Chance hat, die Jeeps einzuholen, bevor beim französischen Militär in Wittlich die – wie er sich ausdrückt – Alerte raus ist und die Jalousien der Kulanz runter geh'n. Mit Franzosen kennt Klauke sich ja aus. Im besetzten Frankreich ist er eine ehrliche Soldatenhaut gewesen, behauptet er von sich und hält es für erwiesen. Macht sich aber nichts vor. Haarsträubend, was wir den Franzosen damals vorexerziert haben. Leute von der Résistance oder Nichtarier, wenn wir – wir von der Wehrmacht – von denen welche erwischt haben, was haben wir mit denen gemacht? Weitergereicht an rabiate Typen. So war das halt. Verfüttert haben wir die. Knüppeldick hat die Gestapo denen das Reden beigebracht und was sonst noch so alles. Was echt mit denen geschehen ist, hat von uns keiner nachgefragt. Ging uns von der Truppe ja auch gar nichts an.

Klauke möchte erreichen, daß Basil die Chasseurs abfängt und ihnen die Gefangenen abschwatzt, bevor sie der Sûreté überstellt werden. Das Mahlwerk der Sûreté, ricke-racke – wer da hineingerät. Mit so Sachen kennt Klauke sich aus. Eigentlich hätten die beiden es verdient, in die Mangel genommen zu werden. Sich einfangen zu lassen, Schwachköppe sind das! Früher im Kasino hätten wir schallend gelacht und befunden: Nicht zur Kavallerie, haben sich vergaloppiert

– ab damit in die Knobelbecher! Das hier aber ist kein Kasinospaß.

Sie unterhalten sich im Gästetrakt vor dem Tagungsraum. Durch die verschlossene Tür sind gedämpfte Stimmen zu hören. Man ist schon im Konklave.

»Nun machen Sie schon, beeilen Sie sich!« Klauke gibt Basil den Autoschlüssel. Basil verbeugt sich:

»Zu Befehl, Herr Oberst!«

»Und vergessen Sie nicht, was hier auf dem Spiel steht«, mahnt Klauke.

»Nichts für ungut, Herr Oberst, aber was bitte steht denn auf dem Spiel?«

Klauke schlägt das Mantelrevers zurück und offenbart eine stattliche Reihe Kriegsauszeichnungen.

»Falls Ihnen was dazwischenkommt, ich meine, falls die Franzosen nicht mitspielen. Falls beispielsweise die Grande Armée uns hier auf den Leib rückt – keine Bange, darauf sind wir vorbereitet. Wir schalten hier im Haus dann um auf Gebetsübungen – ihr auf Seelsorge, wir auf Bußfertigkeit. Lieber Gott, solltest du zufällig hier in der Gegend sein, aufs Neue würdest du bestätigt finden: natürliche Verbündete sind wir – ihr die Betbrüder, wir die Waffenbrüder.«

Basil verbeugt sich und macht sich davon.

Wäre der Mönch nicht im Treppenhaus verschwunden, Klauke hätte wohl noch seine Parabellum vorgezeigt. Im Holster unter seiner linken Achsel steckt das gute Stück, wummert in der Frequenz seines Herzschlags ihm gegen die Rippen.

Auf seinem Weg zum Borgward schaut Basil noch im Kino vorbei. Er will doch wissen, was gespielt wird.

Sie haben hier im Kloster ein Kino, kein richtiges, ein sogenanntes. Durch ein diskretes Guckloch läßt sich ein Blick in den Tagungsraum werfen. Wie richtiges Kino ist das manchmal. Basil sieht diesmal einen Film, wie er noch keinen gesehen hat.

Zeit und Kulisse stimmen mit der laufenden Handlung nicht überein. Die Akteure stecken in Kostümen, die nicht zu der Rolle passen, die sie hier spielen. Basil kommt es vor wie eine Inszenierung von gestern.

Herren treten auf, ungefähr ein Dutzend. In Tonfall und Gestus stramme, soignierte Herren. Sie stehen um einen Tisch. Auf dem Tisch liegen Stabskarten ausgebreitet, leicht stockfleckige Karten, es sind ihre alten Karten noch. Darüber hinweg reihen sich blauköpfige Stecknadeln, sie markieren einen Frontverlauf. Die Herren erörtern die Lage. Die Lage ist heikel. Nördlich des Harzes tobt eine Schlacht. Vor dem deutschen Kontingent operiert der Russe. Im Rücken des deutschen Kontingents entlang der Rheinlinie stehen die Franzosen, noch unentschieden und Gewehr bei Fuß. Paris mag keine bewaffneten Deutschen mehr. An diesem Tisch beklagt man das. Frankreich befürchtet von neuem deutschem Militär weit Schlimmeres als von den Sowjets. Die Herren spielen durch, was sie für möglich halten. Der Iwan hier, der Franzmann dort. Wir dazwischen. Zweifrontenkrieg. Die Hauptmacht der Angloamerikaner steht in Fernasien, am Yalu. Schon gleich zum Auftakt ihrer Begegnung haben sich die Herren die denkbar verzwickteste Lage vorgenommen, um sich möglichst schnell wieder in alte Routinen einzufinden. Sind ja schließlich eine Zeitlang raus aus dem Geschäft. Sie tragen hier Zivil, Sakko und Knickerbockers in Fischgrätmuster oder Pfeffer und Salz.

Einer von ihnen hält inne, einer aus Pommern, alter preußischer Schwertadel. Zuletzt war er Panzergeneral. Irritiert hält er inne, denn seit seiner Zeit als General macht ihm ein Dauerläufer zu schaffen. Immer wenn sich die Lage kritisch entwickelt, trabt dieser

Läufer bei ihm herein, dreht Runde um Runde und fragt und fragt:

»Gibt es was Neues hier? Ich notiere alles. Ich war schon überall. Marathon, Rubikon, Waterloo, Sedan, Heija Safari, Westwall. Habe ich mir alles erlaufen. Überall will ich dabei sein, muß ich dabei sein. Weil ich Siege sammle. Wie steht's damit bei euch? Kein Sieg? Kein Nichts? Kein Garnichts? Also wißt ihr! Läufer, Dauerläufer bin ich, Meldegänger, Chronist. Mir entgeht nichts. Keine Katzen habt ihr im Hauptquartier, aber Mäuse, Ratten und all so wieseliges Zeug. Also wißt ihr!«

Zuletzt ist der Läufer diesem General in Aachen erschienen, Oktober vierundvierzig. Zäh wie Leder, hart wie Kruppstahl, flink wie die Windhunde hat die Deutsche Jugend zu sein. So wußte der General es von seinem obersten Kriegsherrn. Der General hat das als eine Verpflichtung verstanden, damals in Aachen als Befehlshaber der Windhunddivision. Aachen war für ihn schon verlorenes Terrain, prompt hat dann auch der Läufer bei ihm hereingeschaut. Der Läufer hüstelt immerzu, trägt schlotterlange Turnhose, ist spindeldürr, trabt und trabt, addiert Leichen, mäkelt, wo es zu wenige gibt, witzelt, wo es zu viele sind, kritzelt Geschichte. Hat sich nun auch Himmerod erlaufen, der Phantomläufer. Oktober fünfzig.

Der Windhunddivisionär verlangt ein Glas Wasser. Neuerdings ist er in Bonn attachiert, leitet dort die Zentrale für Heimatdienst. Zur Himmeroder Runde hat er eingeladen. Sein Portefeuille ist prall gefüllt.

Heinrich Wasserbaum, auch Himmeroder Heinrich genannt, dient den Herren mit Handreichungen aller Art, er ist ihnen als Ordonnanz im Tagungsraum zugeteilt, er ganz allein. Für diese Aufgabe eignet er sich denkbar gut. Früher, zu seiner besten Zeit, hat er sich in die höchsten Kreise verdingt. Wegen dreier Vorzüge wird Heinrich geschätzt: Er hantiert das Tablett unnachahmlich. Er hört nicht, was gesprochen wird, gilt geradezu als taub. Und ihn umgibt die Aura des Legendären. Er besitzt ein ganz besonderes Foto. Das zeigt den Feldmarschall von Hindenburg auf der Sonnenseite des Hunsrücks im Großen Kaiserlichen Hauptquartier zu Bad Kreuznach. Das Foto trägt die eigenhändige Widmung des Abgebildeten: Heinrich Wasserbaum für treue Dienste, im Oktober achtzehn. Schon in Kreuznach ist er Ordonnanz gewesen im innersten Kreis der Generalität. Hat alles gehört. So taub wie er tut, ist er nicht. Wenn Geschichte gemacht wird, muß Blut fließen, hat er im innersten Kreis sagen hören. Hat es sich notiert. Kriege sind nötig, wenn es den Völkern zu gut geht, wenn sie vergessen, was sie schuldig sind. Hat er sich auch notiert. Hat sich alles notiert. Für die Herren in Himmerod hält er neben Mineralwässern auch Coca-Cola vor. Er fragt, ob vielleicht Coca-Cola genehm sei. Wer fragt, möchte eine Antwort hören.

Der Emissär aus Bonn begnügt sich mit Leitungswasser. Einen kehligen Schluck nimmt er und öffnet sein Portefeuille. Benennt die Punkte, die an diesem Wochenende zu besprechen und zu beschließen sind, einstimmig zu beschließen. In Betracht kommen zwölf deutsche Divisionen, feierliche Eidesverpflichtung, Militärgerichte, Truppenseelsorge. Die Ehre muß wieder hergestellt werden, die Ehre der alten Berufssoldaten und die der Deutschen Jugend. Wahres Soldatentum ist nötig und schweres modernes Gerät. In die Pflicht zu nehmen sind, wie gehabt, Gemeinden und Zivilpersonen. Sofortmaßnahmen sind zu ergreifen schon ab dem nächsten Ersten. Vorwärtsschauen, keinen Schritt zurück, unbeirrbar bleiben.

»Elitedivision?«, wird er gefragt.

»Elite – aber gewiß doch.«

»Auch wieder Waffen-SS?«

»Elite ist Elite. Unser Motto muß sein, künftig nur gerechte Kriege zu führen, dem Deutschen Volke zuliebe, dem Alten Heere zur Ehre.«

»Können wir schon anfangen – oder empfangen wir zuerst den Abt?«

»Wir haben keine Zeit zu verlieren. Der Widerstand gegen Hitler, soweit dieser Widerstand überlebt hat, sind wir. Der Widerstand gegen den Bolschewismus – wir setzen ihn fort, weil Hitler versagt hat. Wir machen weiter, wo die Nazis gestoppt wurden. Wir jetzt im Verein mit den Angloamerikanern. Wir müssen uns dranhalten, sonst erleben wir, daß unsere Epigonen besser sind als wir.«

Ein junger Heißsporn meldet sich. Auch er von Adel, in Köln geboren, preußisch erzogen, Major im Afrikakorps gewesen, britisch umerzogen in Kanada, Idealist geblieben. Er ist der Jüngste in dieser Runde. Friedrich von Schiller ist er zugetan und den Piccolomini – den Kaiserlichen, wie auch dem Herrn von Scharnhorst und dem Herrn von Gneisenau – den Königlichen. Vor weißem Hemdkragen trägt er einen aparten Querbinder:

»Ich im Dreck und du im Speck. Die Perspektive des geschundenen, des verheizten Frontschweins. Wär' ja noch schöner. So geht das doch nun nicht mehr. Müssen wir da jetzt nicht von unten nach oben, wie sagt man heute? Auf demokratischem Wege …«

Heinrich Wasserbaum, Kutte trägt er heute statt Livrée, bekreuzigt sich. Von den Herrschaften am unerträglichsten sind immer die jungen. Am liebsten nähme er seinen Hut und ginge. Wo immer Personen von Adel sich standeswidrig hervortun, pflegt er zu kündigen.

Ein einstiger General der Luftwaffe hätte gern über Entwürfe für zeitgemäße Uniformen gesprochen.

Tuchmuster in feschen Blau- und Olivtönen hat er schon dabei. Er reicht sie herum: *New Design*. Ein anderer hält neue Uniformen für zweitrangig.

»Die Luftlage, meine Herren. Wie ist denn die Luftlage? Bomberschwärme und Tiefflieger. Kennen wir doch zur Genüge. Sind doch, nicht wahr, einzig an denen gescheitert. Was, wenn es damit wieder losgeht, unvorbereitet wie wir sind?

Apropos. Keine Luftschutzvorkehrungen hier im Hause? Kein Wasser eingekübelt zum Feuerlöschen, kein Sandvorrat auf dem Dachspeicher, um Flammen aus Brandbomben zu ersticken? Keine Entrümpelung? Wo kommen wir da hin?

Draußen im Tag, schauen Sie nur hin, steht wieder so ein russisches Hoch wie im Dezember vierundvierzig vor Dinant und Bastogne. Der Anfang war es vom Ende. Was ist zu tun?«

Vitus. Da löst sich Vitus aus der Kulisse.

»Das ist hier, bitteschön, ein Vorposten des Himmels. Uns ist der Himmel zugetan.«

»Aber Herr Mönch. Was soll mir der Himmel, solange ich nicht weiß, ob es dort für mich ein Kommando unter Gewehr gibt.«

»Aber denken Sie, Verehrtester, denken Sie doch an die himmlischen Heerscharen. Auf unserer Seite sind sie.«

»Engel, ach Engel. Engel taugen nichts, sofern es nicht gefallene sind. Die Bibel kennt man doch.«

»Nun übertreiben Sie doch bitte nicht, Herr Generaloberst.«

»Sie sind der Abt, oder wer ist hier der Abt, wann kommt er denn bloß?«

Eigentlich wäre nun die Kriegsmarine an der Reihe, ihr Eingangsstatement abzugeben. Einer von der Sorte tritt nun auch vor. Auf seinem Papier steht: Minen sind zu räumen, sichere Liegeplätze für Schiffe zu finden, Werften zu reparieren, Torpedoausbildung ist wieder aufzunehmen, Norwegen abzuschirmen und der Bosporus, die Ostseeausgänge sind zu verschließen.

Kaum daß der von der Marine sich Gehör verschafft hat, tritt der Abt ein.

Nicht Architekten, Archetypen sind das – bilanziert der. Aus seinem Zimmer tönen die Akkorde des Freischütz. In der Wolfsschlucht werden Kugeln gegossen, die unfehlbar ins Herz treffen. Was immer vom Leben geblieben ist, zerbricht in Stücke. Jeder trägt in sich eine große Kraft. Jeder für sich allein versucht, das Jetzt zu überwinden.

KOMPLET

Der Fischmeister darf wieder heim

Dörfer rechts und Dörfer links. Die Jeeps fahren querbeet an allen Ansiedlungen vorbei. Weiße Wolken wippen, die Höhenlinien der Landschaft schwingen mit. Linkerhand flanieren Chausseebäume. Gefühl, selber zu schweben, käme auf, wären es nicht Jeeps, hart schlägt ihre Federung durch. Der Fahrer im mittleren Jeep läßt keine Unebenheit im Gelände aus.

Sie fragen Birtler, wie er heißt. Jonas, antwortet er. Sie möchten wissen, wie er noch heißt. Jonas, versichert er, einfach Jonas. Sie geben sich damit nicht zufrieden.

Sie haben Birtler, ohne es zu wissen.

Birtler rät ihnen, sie täten gut daran, anzuhalten. Sie finden lustig, was er sagt. Er droht ihnen, Ordensleute hätten sie sich gegriffen. Klosterangehörige zu verschleppen ist ein Frevel, ein Sakrileg, ein gemeiner Übergriff. Teuer zu stehen komme sie das. Der am Funkgerät sitzt, mokiert sich. Bimbam, Singsang, Halleluja, Amen, trällert er, bedient wieder seine Stöpselapparatur, gibt alles durch, was Birtler sagt, und erhält aus Wittlich Anweisung: Guido Pagels darf aussteigen.

Der Fahrer stoppt, Guido bleibt sitzen. Der Fahrer knurrt und ruckt wieder an. Als sie bei Großlittgenermühle die Straße nach Heeg passieren, springt Guido vom fahrenden Jeep ab. Der Leutnant, der mit der Schmarre im Gesicht, hat Befehl, nur zu beobachten, nicht einzugreifen.

Der Mann, den er von Himmerod nach Wittlich bringt, ist wirklich ein Zisterziensermönch, so bestätigt auf

Anfrage das Oberkommando. Der Offizier vom Dienst entschuldigt sich pflichtgemäß bei dem Mönch und versichert ihm, es handele sich um einen bedauerlichen Irrtum. Er sei als Gast der französischen Armee willkommen und könne bleiben, bis seine Kleider wieder trocken sind. Er möge sich nicht verkühlen, das beste Mittel dagegen sei Cognac. Welche Sorte ihm genehm sei? Auch Schuhe könne er haben, wenn es ihm recht sei. Birtler geht in ein Nebenzimmer, sich seiner nassen Kleider zu entledigen, schließt hinter sich die Tür. Den Offizier vom Dienst beschleicht eine menschliche Regung, er äugt durch das Schlüsselloch: das Gemächte eines Ordensbruders – Himmelstehmirbei!

Und dann macht er Meldung: Blutgruppenzeichen in der Achselhöhle. Das Signalement Horst Birtlers lautet: 32, einssechsundsiebzig groß, schlank, Haar- und Barttracht nach Bedarf wechselnd, gesucht wegen Verbrechen bei der Deportation von Juden im Departement Bretagne, zuletzt im Rang eines Sturmbannführers, Vorsicht Schußwaffengebrauch!

Na also doch! Sie bringen ihn in den A-Flügel des Strafgefängnisses Wittlich. Es ist die Abteilung, in der die Franzosen Deutsche gefangen halten, die wegen Kriegsverbrechen oder Verbrechen gegen die Menschlichkeit verurteilt sind. Auch sitzen hier Personen ein, die solcher Delikte verdächtig sind, warten darauf, nach Frankreich zu ihrem Prozess gebracht zu werden.

Den Cognac trinken der Leutnant, seine Mannschaft und der Offizier vom Dienst. In die Runde platzt ein Befehl von ganz oben. Sie hören wohl nicht recht? Kann doch nicht wahr sein, was ihnen da befohlen wird? Sie fragen zurück, wollen ganz sicher sein, sich nicht verhört zu haben. Der Befehl wird dem Offizier vom Dienst fernmündlich bestätigt. Noch am Telefon wiederholt er ihn laut und deutlich: Gefangener ist nach Himmerod zu entlassen, wird abgeholt. Kurier ist unterwegs. Jedes Aufsehen vermeiden!

Der Offizier ist entsetzt.

»Sie lassen einen gesuchten Nazi-Verbrecher laufen, einen Blutsäufer, einen Zahnausbrecher!«, ruft er.

Gregor Kuckoff, der es geschehen läßt, daß man ihn Basil nennt, hält nun nach langer Zeit wieder das Steuer eines Autos in Händen. Die Seitenscheibe dreht er herunter, die Haare fliegen ihm. Dörfer rechts, Dörfer links. Die an der Straße liegen, holt er ein, läßt sie hinter sich zurück, weiteren Dörfern entgegen. Ein Tag ist das, nein! Ist das heute ein Tag! *Eiflia sacra,* südlicher Teil, Mittellauf der Salm. Wie da nun alles zusammen ist auf einem Fleck.

Voyeur ist er gewesen an einem Beilager. Da geht, nicht wahr, die Hure Waffengloria pfiffig verkuppelt schon wieder ihrem Gewerbe mit deutschen Freiern nach. Ehrenwerte Herren stehen bei ihr an und zahlen für ihre Dienste jeden Tarif. Ein Liebesnest ohne öffentliche Konzession. Für die Sitte wär's ein gefundenes Fressen, erführe sie davon. Es sei denn, die Sitte weiß von allem schon und nimmt Prozente.

Hinter Großlittgen legt Kuckoff noch einen Gang zu, spürt starken Wind im Gesicht.

Er hat sich Zeit gelassen, in Geduld sich geübt. Fünf Jahre länger als nötig war, um physisch zu überleben, hat er die Kutte anbehalten. Über das Ende des Schreckens noch ein halbes Jahrzehnt hinaus ist er in dieser Scheinwelt geblieben. Genau genommen fünf und ein halbes Jahr.

Gregor Kuckoffs Zeit hinter Stacheldraht und hinter der Klostermauer ist vorüber. Achtunddreißig ist er. Unter ihm sirpen die Räder. Nur Betrachter, nur Kommentator des Zeitgeschehens hatte er sein wollen und steckt jetzt mittendrin. Und erlebt nun diesen Tag. Ein Tag ist es, wie noch nie einer war.

In Wittlich fährt er an der Kaserne der Chasseurs vor. Der Posten am Tor verwehrt ihm den Zutritt. Der Soldat bringt sein Gewehr in Anschlag, als er den Wachhabenden kommen sieht. Beide kennen sie den Bruder Basil, noch nie ist er hier angehalten worden. Doch diesmal lassen sie ihn nicht passieren, salutieren nicht einmal.

»Ich kann mir vorstellen, weshalb Sie gekommen sind«, sagt der Wachhabende. »Sehen Sie, wir sind im Manöver. Eine unserer Patrouillen ist schon zurück. Sie hat einen Mann eingebracht.«

»Ich denke, es sind zwei?«, fragt Basil.

Der Wachhabende bedauert:

»Ein Mönch ist eingeliefert worden. Nur einer.«

»Es tut mir leid, Sie irren, Sergant. Er ist gar kein Mönch. Er trägt nicht einmal das Habit.«

»Er ist ein Mönch, so gut wie Sie.«

Da geht Basil einfach zwischen den beiden durch. In der Wachstube verlangt er nach Brissac. Der Wachhabende nimmt das Telefon:

»Kein Mönch ist der, sagen Sie – das muß ich melden.«

Im Zivilberuf ist Brissac Lehrer zur Verwendung an höheren Schulen. Er hat seine Aggrégation, zum Studium war er in Tübingen. In Wittlich fungiert er als Bildungsoffizier, vermittelt französische Kultur. Konzerte, Vernissagen, Theateraufführungen nutzt er, um wichtige Leute zusammenzubringen. Den Umgang mit ihnen pflegt er in seinem Cercle Sélect. Weit über Wittlich hinaus reichen seine Aktivitäten, Trier, Koblenz, Mainz und die Pfalz profitieren davon. In seiner vorgesetzten Dienststelle Baden-Baden glaubt man, er habe das Zeug dazu, ein Goethe-Institut zu leiten. In Manöverzeiten freilich, wenn's draußen im Feld lustig zugeht, wenn die Truppe ausgerückt ist, hilft er mit Kasernendienst aus, wie eben jetzt. Als Chasseur ist er hochdekoriert.

Brissac ist dran, Basil übernimmt:

»Lieber Professor, ich bin gekommen, um Ihnen zu sagen, Sie haben einen Leutnant, der es verdient, befördert zu werden. Einen Mönch hat der gefangen genommen, der gar keiner ist. Bewundernswert.«

»Sie spaßen, lieber Basil. So kenne ich Sie. So schätze ich Sie. Wenn ich auch zugeben muß, Ihre Späße klingen manchmal sehr ernst. Verstehe ich Sie recht, Sie sähen unseren Leutnant lieber degradiert? Ich muß Sie enttäuschen. Leutnant ist er und Leutnant bleibt er.«

»Hören Sie, Professor, es ist diesmal wirklich ernst. Der ehrwürdige Abt von Himmerod schickt mich. Er läßt den Chasseurs von Wittlich ausrichten, sie haben den Fischmeister des Klosters abgeführt. Sie möchten ihn, weil er dringend gebraucht wird, wieder freilassen. Denn es ist Rüstzeit, Exerzitien sind im Gange. Zu den seelsorgerischen Obliegenheiten gehört die buß-adäquate Bewirtung der Bußwilligen. Diesmal sind es Architekten. Da muß morgen, so will es die Regel, Fisch auf den Tisch. Es soll Hecht serviert werden. Und der, ein nur schwer zu landender, kapitaler Geselle, tummelt sich noch im Teich. Ohne Fischmeister, so läßt der Abt ausrichten ...«

Brissac unterbricht:

»Die Architekten – was Sie nicht sagen. Die Architekten sind heute ganz woanders. Im Schwarzwald sind die. Dort haben sie just an diesem Wochenende ihren Kongreß. Über die cluniazensische Reformbewegung und deren Einfluß auf die Entwicklung der abendländischen Klosterarchitektur unterhalten sie sich – übrigens auf mein Betreiben. Gern wäre ich hingefahren, muß aber hier den Manöverknecht spielen. Nicht mal für Sie habe ich heute Zeit, Basil.«

Brissac versucht, ihn am Telefon abzufertigen.

»Ich bin Ihnen böse, Basil, sehr böse. Ihr Versuch, Paul Claudel zu pulverisieren, ist töricht und verletzend zugleich.«

»Wenn es Ihnen recht ist, Brissac, bin ich gerne bereit, mich mit meinem Buch *kritik und utopie* dem Kreis der Erlesenen zu stellen. Ort und Zeit für dieses Duell überlasse ich Ihnen.«

»Ihr Essay über Claudel ist ein Skandal.«

»Tut mir leid, Monsieur Brissac, die zweite Auflage ist in Vorbereitung, sie kommt in französischer Sprache.«

»Ja ja, damit in Frankreich nun auch jeder es lesen kann. Sie reitet ja der Teufel, Mann.«

»Claudel verrät den Lesern, wie sie in den Himmel kommen.«

»Er ist universal, ein Dichter schon zu Lebzeiten. Der Doyen der zeitgenössischen europäischen Literatur wird er genannt. So jemandem tritt man mit offenem Visier entgegen. Sie, Basil, müssen nicht meinen, Sie könnten sich mit Ihrer Kritik an ihm hinter einem Pseudonym verstecken. Gregor Kuckoff, nicht wahr, das sind doch Sie. Sie sind gar kein Mönch, auch Sie nicht.«

»Der Mönch ist dann wer, bitte? Claudel? Er schreibt Bibelkommentare.«

»Spotten Sie nicht, Kuckoff. Mit verdeckter Identität rumzulaufen, so etwas bereut man schnell. Sicherlich ist Ihnen die Vorstellung, sich durch falsche Namensangabe der Irreführung der Behörde schuldig gemacht zu haben, nicht fremd. Der Staatsanwalt könnte sich für Sie interessieren.«

»Zumal ich sogar dem Teufel in die Hand gearbeitet habe. Sartre ist für Sie ein Teufel, stimmts?«

»Spotten Sie nicht schon wieder. Sie haben Sartre 1940 in Trier gesehen, im Stalag 12D auf dem Petrisberg, und ihm einen dunkelgrün gebundenen Oktavband von Heidegger zugespielt. Sartre las als Kriegsgefangener in Trier *Sein und Zeit* und seither reibt der Satan sich die Hände.«

»Sie wissen alles, mon chèr Brissac. Nichts wissen Sie. Grüßen Sie den Staatsanwalt. Für mich ist zuständig der in Trier, Dietrichstraße, juste vis-à-vis dem Kloster der Weißen Väter.«

Brissac knallt den Hörer auf. Der Wachhabende versteht das als Befehl und weist Gregor Kuckoff die Tür.

Gregor fährt zu Antoine.

Antoine wohnt am Bergweiler Weg in einem Haus unter Kastanienbäumen. Er hat zwei Zimmer gemietet. Sein Plan war, sechs Wochen zu bleiben, bis Ende September. Nun sind es fast sieben Wochen. Wie Rauschgold hängen die Blätter der Kastanien. Ich möchte, wünscht er sich, unter den Bäumen hergehen, wenn sie ihre Blätter fallen lassen, lange kann es nicht mehr dauern, und dann meine Schürze vor mir ausbreiten in der Illusion, Sterntaler sind es.

Antoine ist aus Paris. Hin und wieder ländlich zu leben, hält er für ein Glück, das sich herbeiwünschen läßt. Antoine ist selten anzutreffen, ist viel unterwegs. Heute ist er da. Aus seinem Fenster duftet es. Eine Aromamelange aus Pilzen, Omelette, gedünstetem Dill und Munsterkäse breitet sich über die Straße aus. Er kocht selbst.

Gregor findet es passend, zu Antoine Anton zu sagen. Er meint, Anton macht sich gut für jemand, der sterntalernd unter Herbstkastanien wandelt. Antoine nennt Gregor Grégoire. Sie haben sich in Paris auf der Rive Gauche kennengelernt, beim Pressegespräch im vergangenen Mai. Der nächsten Verlagspost von Gallimard, die in Himmerod eintraf, lag ein Brief Antoines bei.

Lassen Sie mich, so schrieb er, mein Erstaunen darüber zum Ausdruck bringen, daß Sie, profunder Kenner unserer literarischen Moderne, klerikal sind, wie ich jetzt erfahren habe, und in der Rekluse von Himmerod leben. Das ist, wenn meine Geographie mich nicht im

Stich läßt, in der Nähe von Wittlich. Mich beschäftigt das Schicksal eines meiner – seien Sie bitte unbesorgt – Genossen. Eine der Stationen seines Leidensweges durch den Folterparcours des Faschismus war das Gefängnis in Wittlich. Der Genosse Léon zählt zu den sogenannten NN-Opfern, was bedeutet: als unser Widerstand zunahm, verfügte Hitler im Einvernehmen mit dem Chef des Oberkommandos der Wehrmacht Keitel den sogenannten Nacht- und Nebelerlaß. Die NN-Prozedur ging von der Wehrmacht aus, sie wollte zupacken. Die Zusammengetriebenen, deren Hinrichtung nicht sofort erfolgte, wurden ins Reich geschafft. Unter den ersten, die dorthin verschleppt wurden, war der Genosse Léon.

Ich bin dabei, über ihn zu schreiben. Wie ich es am besten angehen soll, dokumentarisch oder literarisch, weiß ich noch nicht. Das Detail Wittlich, ein außerordentlich wichtiges Detail, fehlt mir noch. Verschwunden ist mein Freund in Nacht und Nebel. Léon war mir einer der teuersten.

Kommen Sie gleich, telegraphierte Kuckoff und machte sich auf die Suche nach einer kleinen Wohnung für Antoine. Damals blühten die Kastanien.

Vom Haus am Bergweiler Weg überblickt man den Komplex des Wittlicher Gefängnisses. Er hätte sich für das, was er hier vorhabe, keinen besseren Platz als diesen wünschen können, pries Antoine sogleich bei seiner Ankunft den Ort. Gregor entwarf eine Skizze mit Angaben über die innere Struktur der weitläufigen Anlagen. Er sei selbst dort eingesperrt gewesen, auf Schub als Kazetthäftling, daher kenne er sich recht gut aus. Bis tief in die Nacht haben sie zusammengesessen und sich darauf verständigt, nicht allein das Vorhaben Antoines zu verfolgen, sondern gemeinsam auch das anzugehen, mit dem Gregor sich trägt, seit er weiß, in Himmerod braut sich etwas zusammen.

Die Tür bei Antoine steht auf. Er hantiert mit der Pfanne am Herd, seine Sterntalerschürze hat er umgebunden. Gedeckt ist für zwei. Sie wollen Pilze goutieren, die Antoine heute im Faschinenwald, hoch über Himmerod, gesammelt hat.

»Pilze, so delikat wie diese hier, Maronenröhrling, Goldtäubling, Rotkappe, hab' ich noch nicht erlebt«, schwelgt Antoine.

Auf dem Tisch steht eine Flasche von seinem Roten. Sie essen schweigend. Wenn er ißt, scheint Antoine alles, was ihn umgibt, zu vergessen. Wie entrückt sitzt er vor seinem Teller. Gleichbleibend gemessen führt er die Speise zum Mund, stets nur eine Gabelspitze voll, und nickt, murmelt unergründlich, tut es von Mal zu Mal mit zunehmendem Bedacht. Das Glas nimmt er, um nur daran zu nippen. Was immer mit ihm ist, zu seiner Mitte findet Antoine zurück, wenn zu essen ein Vergnügen, eine Gaumenstimulanz, ein Genuß ist. Um sich das einzurichten, wann und wie er's braucht, darum kocht er selbst. Ein einziges Mal, am dritten oder vierten Tag ihrer Begegnung, hat Antoine beim Essen innegehalten, Gregor nachdenklich angeschaut und gesagt:

»Léon hat jahrelang unter Folter- und Todesangst gelebt, ohne seinen Peinigern auch nur einen Genossen mit Namen zu nennen, ohne sich den geringsten Fakt abpressen zu lassen, ohne das Mindeste preiszugeben. Ich dagegen, wenn sie mich gekriegt hätten, morgens Kräutertee, mittags Brot in warmem Wasser, abends Malzkaffee – du, ich glaube, allein das hätte mich ihnen willfährig machen können, auf die Dauer gesehen.«

Heute, am fünften Oktober, ist Gregor nicht zu Antoine gegangen, nur um ein Pilzmenü zu genießen. Antoine hat ihm seine Mithilfe in Aussicht gestellt.

»Falls sich bestätigt, daß in Himmerod eine Geheimbündelei im Gange ist, alarmiere ich die Weltöffentlichkeit«, hat er ihm versprochen.

Vom Faschinenwald hat Antoine bei der Pilzsuche heute selbst mitangesehen, was sich unten in Himmerod ereignet hat. Es gibt also einen externen Augenzeugen, noch dazu einen von der französischen Presse. Gesehen hat der heute eine neue Wehrmacht in *statu nascendi*. Wehrmacht alt oder neu ist verboten. Daß Sträfliches in Himmerod geschieht, ist somit erwiesen. Also wäre, was Antoine versprochen hat, nun fällig.

Beim Käsegang fragt Gregor, ob die Agenturen in Paris schon verständigt sind. Antoine lehnt sich im Sessel zurück – ein schon betagtes Stück aus weißlackiertem, knirschendem Weidengeflecht – nippt am Wein und zieht einen Bogen aus der Schreibmaschine.

»Was soll ich dir sagen. Am besten, du liest es.«

Es ist die Meldung über den Hergang heute in Himmerod. Unter Hinweis auf einen deutschen Gewährsmann sind darin die Verschwörer mit Namen, letztem Dienstgrad und Wehrmachtsgruppenteil benannt.

Antoine gießt nach.

»Ich habe alles durchgegeben. Aber niemand will es drucken. Keiner bringt es. Und soll ich dir sagen, warum? Kennen wir schon, sagen sie. Wissen wir schon. Ist doch keine Neuigkeit. Mann, deine Meldung ist ein alter Hut!«

Er leert sein Glas auf einen Zug.

Gregor. Träumt er, wacht er, ist er klar im Kopf? Für wen hat er sich gehalten?

Gehalten hat er sich für einen, der einer Camarilla auf der Spur ist, die Adolf Hitler den Treueid geschworen, seine mörderischen Aggressionskriege enthusiastisch geführt, seine Orden gefeiert, sein Schulterklopfen als Ansporn, seine Beförderungen als Vertrauensbeweis verstanden hat, die überhaupt diesem Verbrecher in allem und bis zuletzt zu Diensten war und jetzt, so als sei nichts geschehen, ihr Treiben fortsetzt und ihren Hang zur Kriegerei ungeniert weiterkultivieren möchte, womöglich das Atom im Sinn, die neue Waffenkönigin.

Geglaubt hat er, die Welt werde empört reagieren, sobald sie von diesem neuen Bubenstück erfährt. Und was erlebt er? Die Welt läßt es geschehen und schweigt. Die Welt? – Nun gut, die Rechtspresse, die konservativen Blätter drücken sich, hätten es wohl gern so, wie es sich abzeichnet. Vichy-Syndrom?

Gregor denkt das nicht alles bloß. Er sagt es, spricht es aus und folgert aus dieser Misere:

»Dann ist es also Sache deiner Zeitung, Anton, alles aufzudecken. Großer Aufmacher. Die Schlagzeile …«

Antoine stemmt sich aus dem Korbsessel, daß es kracht.

»Komm mir bitte nicht mit den Genossen!«

Er ist Korrespondent der *Humanité*. Vielmehr, ist es gewesen. Vorhin hat er sich aus der Redaktion verabschiedet.

»Die Genossen«, entrüstet er sich, »leiden an déformation professionelle. Haben keinen Biß mehr, kleckern nur noch vor sich hin. Brav bringen sie, was ihnen vorgesetzt wird. Das Andere lassen sie bleiben. Sie vergreisen. Sie lauschen am Hörrohr des ZK, hängen am Tropf der Orthodoxie. Mir schärfen sie ein: das Thema Himmerod ist tabu. Sie beschwören mich: laß die Finger davon. Léon, fragen sie, wie weit bist du mit dem? Halt dich lieber an ihn. Bleib auf der Linie der Résistance. Wird es ein Buch, bringen wir es groß raus. So sagen sie.«

Antoine holt noch von dem Roten. Hinter der Tür stehen weitere drei Flaschen, schon entkorkt. Äußerlich ruhig setzt er sich wieder und fährt fort:

»Was die Genossen mir gesagt haben, klingt das nicht so, als gäbe es eine Direktive aus Moskau:

Westdeutsche Armee ist erwünscht als Anlaß und Rechtfertigung für eine Bewaffnung der DDR?«

Er schaut Gregor fragend an.

»Und wenn es so wäre?«

»Aber damit ermuntern wir doch alle, sich zu remilitarisieren, Grégoire.«

»Nein. Die anderen reagieren nur auf das Resultat ihres Krieges: Wir müssen, was erreicht ist, abschotten. Für sich allein hat es keinen Bestand, noch sind wir nicht soweit. Hör zu: Gustav Adolf. Seine Soldaten haben geplündert, gebrandschatzt, gefoltert – er hat das Evangelium gerettet. Oder Rousseau. Die Volonté Générale – ohne Robespierre wäre sie Makulatur.«

»Hier hast du es, Grégoire. Dantons Tod. Bei Büchner ruft Lucille Desmoulins, als sie die Polizei sieht: Vive le Roi! Woraufhin die Gerechtigkeit zuschlägt, im Namen der Republik! Lucille wird umringt und weggeführt.«

»Was uns angeht, Anton, wir sind die, die wir sind und zugleich die, die wir gewesen sind. In der ganzen Welt hat man uns verfolgt und unmenschlich behandelt. Jeden Tag waren wir auf Todesurteil, Hackklotz oder Fleischerhaken gefaßt.«

»Verdammt, Woyzeck, da kommt die Liebe«, büchnert Antoine weiter.

»Unsere Hoffnung auf die Zukunft, Anton, verkörpert sich in uns.«

Antoine springt auf, läuft im Zimmer hin und her:

»Was haben wir erreicht? Nichts haben wir erreicht! Zwei Weltkriege und das Militär hat immer noch nicht genug. Generäle wollen immer nur Schlachten gewinnen, egal für wen. Das Unbehagen hat seine Urheber gewechselt, seine Aktionäre sind geblieben.«

»Müssen wir denen nicht eins zwischen die Hörner geben – denen in Himmerod?«

Gregor schüttelt den Kopf. Davon hält er nichts. Er weiß etwas Besseres.

»Da gibt es noch wen. Das Problem ist nur, den Wettlauf mit der Zeit gewinnen.«

»Was gibt es? Wen gibt es?«

»Wenn wir den heute erreichen können, wenn wir dem signalisieren, um was es hier geht, der zerstäubt alle Schleier des Verschweigens, der macht einen Wirbel in Paris, daß sogar der Auriol auf Trab kommt. Eine Leichtigkeit ist es dem, das Feldherrennest in Himmerod auszuheben. Schonungslos decouvriert der.«

Fast grimmig fixiert Antoine sein Weinglas:

»Der – ja der –! Untersetzte, stämmige Gestalt, nicht wahr? Krumme Beine. Struppiges Haar. Schielt hinter Brillengläsern. Stummelpfeife. Sitzt mit baumelnden Beinen auf dem Rand eines Tischs und plaudert in die Runde. Knallt die Pfeife hin und springt auf, wenn's ihn packt und flutet mit den Kaskaden seiner Eloquenz die Straße, in der Sorbonne, im Elysée und sensibilisiert und motiviert und mobilisiert – Sartre, der wäre richtig. Doch im Moment ist der nicht zu haben. Er hat aufgehört, sich einzumischen. Ins Leere gestoßen ist er mit seiner Art, praktisch zu intervenieren. Hat eine Denkpause eingelegt. Inzwischen spinnt er Fäden mit der Internationale. Und über den Teufel und den Lieben Gott schreibt er ein neues Stück. Da läßt er niemand an sich ran.«

Drüben bei Bombogen klettert hinter dem Berg der Mond herauf, steigt ins Wolkengerüst. Schieferdächer blenden auf. Die beiden sehen es durch das Fenster, im Zimmer kein Licht. Soviel Wein auf einmal hat Antoine lange nicht mehr aufgemacht.

»Trotzdem. Versuch ihn zu erreichen. Und gib mir Bescheid.«

Als Gregor durch die Tür will, umarmt ihn Antoine:

»Salü, Grégoire, beeil dich. Sie warten schon auf dich. Geh, zieh Leine. Eine Komödie, und sei sie noch so famos, darf nicht zu lange dauern. Sei so lieb und grüß Martha. Sag ihr, mein Léon-Manuskript geht bald in Satz. Auf die Fotos dazu, die sie gemacht hat, bin ich gespannt.«

Gregor hat seinen Kurierauftrag aus dem Kloster nicht vergessen und fährt zurück nach Wittlich. Unerschüttert stehen die alten Mauern noch. Wer kann sie überwinden? Sie sind da. Wer die Schlüsselgewalt hat, macht von ihr Gebrauch. Welchen Gebrauch? Birtler ist identifiziert. Sie haben ihn, Sie wollen ihn nicht. Für einen Moment überläßt sich Gregor Kuckoff dem Sog seiner Erinnerungen: Fluchtimpuls, Verfolgungsjagd, Entkommen, sich wiedergefunden – wäre da nicht der Nachhall des Schreckens.

Die Außenpforte knarrt auf. Im Türrahmen erscheint Horst Birtler. Jacke und Hose hat man ihm adrett gebügelt, ihn auch beschuht. Mit wiegendem Gang kommt er heraus, eine Gitane rauchend. Der Wärter am Tor hat ihm Feuer gereicht und adieu gesagt.

»Jeh, du bist entnazifiziert«, verwundert sich Basil.

»Ja, könnte man so sagen, wenn es das gibt – entnazifiziert.«

Der Borgward steht für Birtler bereit, macht in der Spitze hundertvierundfünfzig auf planer Strecke. Die Scheinwerfer sind an. *Vigil beati Brunonis confessoris*, das ist die Zeit im Jahr, in der mit ersten Bodennebeln zu rechnen ist, Wildwechsel sind keine Seltenheit.

»Einen Strolch haben sie laufen lassen, einen Strolch wie dich. Ist es denn zu fassen?«

Gregor hält ihm die Fahrertür auf. Der Zündschlüssel steckt.

»Du wirst dich daran gewöhnen müssen. Strolch will ich nicht mehr hören. Ich verbitte mir das.«

Birtler startet gekonnt und fährt los. Dreht eine Schleife und kommt zurück.

»Was ist? Ich denke du fährst mit?«

»Ich komm nach, fahr du schonmal vor. Charlie sitzt in der Klemme. Der unterste Teich läuft über. Der Ablaufkanal ist verstopft. Ich fürchte, da steckt der arme Kerl drin. Fahr los. Hol ihn raus. Du weißt, wir brauchen ihn. Hilf ihm. Nimm ihn schonend heraus – schonend, hörst du, ohne ihm eine Schuppe zu krümmen. Denn unversehrt, makellos, in aller Pracht muß er morgen aufs Serviertablett.«

»Ah, verstehe, du hast Dispens. Ausgang bis zum Wecken.«

Pneus jaulen auf, so wie man es vom Nürburgring kennt. Seit letzten Sommer ist die Rennstrecke wieder auf, dröhnen wieder die Motoren. Birtler ist auf dem Weg.

Es hat sich herumgesprochen, wenn Martha unter die Leute geht, macht sie Fotos. Von ihr fotografiert zu werden bedeutet, man hat die Chance, sich in einem renommierten Blatt wiederzufinden oder in ihrem ansehnlichen Archiv. Heikel war es mit dem Wittlicher Gefängnis. Es auch nur von außen zu knipsen, wird nicht gern gesehen, sofort sind Leute da, die einen wegscheuchen. Mit Fotoapparat darf man nicht hinein. Für das Projekt Léon wollte Martha wenigstens die Zelle, den Innenhof und den Strafblock aufnehmen sowie etwa im Haus noch vorhandenes Bild- und Aktenmaterial aus der Zeit, als Léon hier einsaß, reproduzieren. Sechs Fotos durfte sie machen. Sie hofft, daß man sie ihr freigibt.

Vor zwei Jahren hatte sie sich mit der Kamera in Trier unters Volk gemischt und von dort zwei Fotos mitgebracht, die wohl zu den denkwürdigsten ihrer Sammlung zählen. Der Himmeroder Konvent befand sich auf Heiligtumsfahrt im südlichen Teil der Stadt. Aus allen Klöstern und Kleriseien des Trierer Landes waren Gottesmänner und Gottesfrauen dorthin unterwegs. Aufgerufen hatte der Erzbischof von Trier. Gefeiert wurde erstmals nach dem Krieg wieder ein großes, ein prächtiges, ein erhabenes Fest. Überall in der Stadt gab es noch Ruinenfelder und Trümmerhaufen. Soviel Volk, Gläubige und Schaulustige hatte die Domstadt lange nicht mehr gesehen. Die Eisenbahn mußte improvisieren, so viele Personenzüge, wie nötig gewesen wären, um all die Leute bequem anreisen zu lassen, gab es nicht. Güterzüge mußten eingesetzt werden. Der ganze Aufwand galt der Kirche des Apostels Matthias, dessen Gebein hier eingeschreint liegt. Diese Kirche, 1148 von Papst Eugen III. konsekriert, blickte auf achthundert Jahre zurück, das einzige Apostelgrab diesseits der Alpen.

Da hat Birtler damals auch im langen Faltenwurf der Himmeroder Brudermönche vor dem Mattheiser Reliquiar gestanden. Ein großer Schrein ist es, er strotzt vor Gold und Gemmen und ist übersät mit Malachit und Lapislazuli. In puncto Wertsachen ist Birtler speziell – ganz große Augen machte er. Martha hat ihn voll erwischt.

Zeitgleich wurde noch ein Jubiläum in Trier begangen. Treffpunkt war ein Bürgerhaus in der Brückenstraße, ziemlich zerbombter Straßenzug, die Fassade des Hauses wurde später historisch getreu wieder hergestellt. Eine kleine internationale Runde marxistischer Gelehrter und Praktiker des Zeitgeschehens hatte sich eingefunden. Einer breiten lokalen Öffentlichkeit gelangte dieses Ereignis allerdings nicht zur Kenntnis. Anlaß war ein Geburtstag aus 1818, hundertdreißig Jahre war das her. Gregor Kuckoff war eingeladen. Als er das Haus verließ, trug er seine Kutte und Martha drückte den Auslöser. Auf Klassenfahrt 1942/43 hatte sie dieses Haus schon einmal fotografiert, innen wie außen, anläßlich der Besichtigung eines kriegswichtigen Betriebes. Hier wurde das Nationalblatt gedruckt,

Zentralorgan der Nazis im Gau Moselland, einzige Tageszeitung, die es gab. Als die Klasse daheim dann ihren Aufsatz über Wert und Wirkung nationalsozialistischer Pressearbeit auf Volk und Vaterland schreiben mußte, lag die Schülerin Martha Plein auf Anraten ihres Opas drei Tage lang mit einer fiebrigen Erkältung zu Bett.

Martha bewohnt drei kleine Zimmer über der Beletage des Weinhändlers Mabilon in Wittlich. Das nennt man zu einer Zeit, in der Wohnraum knapp und daher nicht leicht zu haben ist, einen Glücksfall. Der hat damit zu tun, daß Herr und Frau Mabilon von Martha angetan sind. Sie hilft ihnen immer aus, wenn fremdsprachige Geschäftspost anfällt oder auf Englisch oder Französisch zu telefonieren ist. Die Mabilon'sche Weinhandlung ist qualitativ gut sortiert und darauf vorbereitet, mit Gewächsen aus allerbesten Lagen in den Export zu gehen. Auf großen Passagierschiffen – gottseidank fahren sie nun wieder – und in aller Herren Länder war Mosel, goldener Mosel, schon immer ein Begriff. Mabilon führt ein offenes Haus. Und Mabilon hat, muß man wissen, ein Patent angemeldet.

Kommt man bei Mabilon zur Tür herein, geht es nach links ins Büro und nach rechts in sein Schaukabinett mit dem Kriegsversehrten. Im Flur hängt, noch aus der Frühzeit der Fotografie, das Bild seines Vaters, des Firmengünders, eines aufrechten Herrn. Die Gesichtszüge sind nachkoloriert. Mabilon senior stammte aus Trier. Seine beste Kundschaft war das Trierer Garnisonskasino zu Kaisers Zeiten. Landläufige Meinung war: die Preußen sind verstockte Biertrinker, vom Wein verstehen die nichts. Mit seinem Wahlspruch *Riesling regina vinorum germanorum!* hat er sie, wenigstens die in Trier, alle herumgekriegt – erzählt seine Schwiegertochter jedem, der die Tür hereinkommt.

Mabilon junior hat ein schweres Erbe übernommen. Seine Hauptkundschaft, die Wehrmacht, mochte deutschen Wein nicht mehr trinken, je weiter sie in der Welt herumkam. Der Balkan, Griechenland, die Krim und der Kaukasus, nicht zu schweigen vom Périgord und der Toskana, verwöhnten die Zungen der Sieger. Ganze Urlauberzüge waren voll mit ausländischem Wein. Auch während ihrer Zeit daheim ließen die Soldaten nicht davon ab. Angesichts dessen unternahm Mabilon junior einen Vorstoß in Berlin beim Generalinspekteur der Luftwaffe. Der hieß Milch. Mabilon hielt ihn für den geistigen Vater der Fliegerschokolade. Diese in flachen Dosen versiegelt auf Feindflug mitgeführte Hochwertration galt damals als der Inbegriff von Kraftkost, von Siegernahrung, von Durchhaltekonzentrat. Mabilon schlug dem Luftmarschall Milch vor, in die Kampfration der fliegenden Verbände Wein aufzunehmen, rassigen deutschen Wein und ihn Fliegerwein zu nennen, als flüssiges Pendant zur Fliegerschokolade. Damit sei dann auch der Vormarsch der deutschen Weinwirtschaft gesichert. Eine Antwort hat Mabilon aus Berlin nie bekommen. Das Heer der Ostflüchtlinge, das nach dem Krieg über den Rhein herüberkam, ließ den Weinhändler Mabilon junior ebenfalls im Stich. Da erfand er seinen Krüppelseilzug und meldete ihn als Patent an.

Jeder Gast des Hauses wird von Frau Mabilon in das verdunkelte Schaukabinett gebeten:

»Hier, wenn Sie sehen wollen – der Prototyp.«

Sie schaltet das Licht ein. An einem Tisch sitzt ein ausgestopfter Soldat. Eisernes Kreuz, Nahkampfspange, Verwundetenabzeichen trägt er an der Brust. Der Arm rechts ist amputiert, die Hand links verstümmelt. Vor ihm auf dem Tisch steht ein gefülltes Weinglas.

Ihm um den Nacken liegen die Rollen des Seilzugs, das eine Seilende ist um das Glas, das andere um die fingerlose Hand geschlungen. Frau Mabilon erklärt geschäftsmäßig:

»Um also den Wein im Glas an den Mund zu führen, braucht man nur mit dem Armstummel zu ziehen und das Glas setzt sich nach oben in Bewegung.«

Frau Mabilon ist eine runde Person mit aufgesteckter Frisur, Haare streng gerafft. Wenn Besuch da ist bittet sie ihren Mann nur zu gern, die Mechanik seines Systems selbst zu demonstrieren, sich also hinzusetzen und es selbst zu tun. Der lehnt aber meistens ab. Zu oft hat er sich dabei bekleckert mit seinen noch gesunden Händen.

Ein Foto aus der Serie Mabilon hat Martha sogar im Ausland unterbringen können. In *Paris-rit* ist es veröffentlicht, einem Blatt, dessen Leserschaft auf Respektlosigkeit abonniert ist. Das Foto zeigt den französischen Divisionsdechanten aus dem Standort Trier, wie er im Haus Mabilon die spezielle Vorrichtung für Kriegskrüppel besichtigt. Eine dankenswerte Erfindung hat er sie genannt, die es nun auch den armamputierten Veteranen beider Weltkriege gestatte, ihren täglichen Schoppen Wein ohne fremde Hilfe zu trinken. Er selbst ist begütert in Burgund und daher ein Mann vom Fach. Man schätzt ihn wegen seiner guten Tipps in Sachen Weinhandel. Als er sich damals von den Mabilons verabschiedete, plauderte er gönnerhaft auf der Haustürschwelle aus: der beste Branchenkenner weit und breit sei der Frère Basile aus Himmerod – wußten Sie das nicht?

Wegen Martha und ihrem Mönch befinden sich die Eheleute Mabilon allerdings in einem Zwiespalt. Basil hatten sie gebeten zu kommen, um ihn auf Empfehlung des Divisionsdechanten als stillen Teilhaber zu gewinnen. Gregor besitzt noch den Brief von Jakob Mabilon: Ehrwürden Bruder Basil, wie ich höre, verfügen Sie über die bedeutendste Weinkundendatei für das nördliche Europa. Wenn Sie möchten, sind wir morgen Partner. Seither geht Basil bei Mabilons ein und aus. Eigentlich ist er oben bei Martha.

Martha hat schlanke, knabenhafte Beine. Ihr Haar trägt sie kurz façonniert. Die Hände hält sie, wenn sie zusammen mit Basil bei den Mabilons auf dem Sofa unter dem Kruzifix sitzt, hinter dem Kopf verschränkt. Ein Bein über das andere geschlagen, die Knie frei, so sitzt sie neben ihrem Mönch. Leger, als ob nichts wär'. Bei Weinhändlers ist man ja nicht blind. Mann und Frau sind die beiden, ein Paar. Um ihre Bedenken zu zerstreuen, hat Basil den Mabilons einmal ein kleines Privatissimum gehalten über Ratio und Religion.

Als Gregor Kuckoff am Abend des fünften Oktober klingelt und ihm aufgemacht wird, empfängt ihn Frau Mabilon im Hausflur mit einer Zeitung in der Hand:

»Schauen Sie, eine deutsche Weinkönigin ist gewählt, das ist für den deutschen Wein endlich die Erlösung.«

Wie es denn nun mit ihm, Basil, sei? Entweder er überlasse ihnen seine Liste mit Weinkunden aus Skandinavien, eine Weindiaspora, nicht wahr. Dafür böten sie ihm Gewinnbeteiligung, für den Anfang fifty-fifty – oder Martha müsse ausziehen. Ein anderer Mieter, jemand solides, habe Interesse bekundet.

Kuckoff grüßt freundlich und drückt sich an der Dame des Hauses vorbei. Oben bei Martha gibt es Tee. Solchen Tee, wie er ihn hier vorfindet, läßt er nicht gerne kalt werden.

»Weißt du schon das Neuste? Setz dich lieber. Guido ist zurück.«

PASTORALE

Gregor kennt sich nicht nur mit Wein aus

Die Haftsache Gregor Kuckoff, damals 24, ist im Ansatz stecken geblieben, was nicht heißt, er ist der Haft entgangen: geboren 13.07.1912, Druckergeselle ohne Konfession, deutsch, ledig, zurzeit Weinreisender, wehrpflichtig, nicht vorbestraft.

Haftsachen solcher Art sind ohne weiteren Belang. Sie werden, weil unvollständig geblieben, amtlich nicht aufbewahrt. Was nicht unbedingt heißt, sie wären für immer vergessen. Gegen Gregor Kuckoff lag ein Haftbefehl vor, der noch keiner war, ein Vordruck auf rotem Papier im Format DIN A4. Ausgefüllt vom Staatsanwalt, vom Richter aber nicht unterschrieben. Das änderte nichts. Auch ohne richterliche Unterschrift griff man sich Kuckoff und setzte ihn fest, 1936. Der Richter, der nicht unterschrieben hatte, wurde telefonisch ins Chefzimmer einbestellt. Nicht eigentlich dienstlich einbestellt wurde er vom Präsidenten, eher kollegial ermuntert, auf einen Sprung einmal herüber zu kommen.

Der Präsident galt in der Stadt als eine Persönlichkeit von wohltuend humanistischer Bildung. Auch als Pianist genoß er beträchtliches Ansehen. Ihm Untergebene, die von Musik nichts verstanden, vernachlässigte er im gesellschaftlichen Umgang. Bloße Juristen waren sie ihm. Nur Jurist sein ist ein arm' Ding, wußte er von Luther. Mit dem Untergebenen, der jetzt bei ihm eintrat, war es anders. Von Musik verstand der eine ganze Menge, schrieb für das Feuilleton, doch ließ er sich nie sehen, wenn der Präsident höchstselbst konzertierte. Nie stand dann etwas in der Zeitung.

Im Chefzimmer mußte man von der Tür bis zum Schreibtisch des Präsidenten eine respektgebietende Distanz hinter sich bringen. Die Stirnwand hinter dem Schreibtisch bedeckte ein Gemälde. Aus gleißender südlicher Sonne stößt darin ein mächtiger Vogel auf seine Beute nieder, der Condor auf die Belagerer des Alcazár in Toledo.

»Kondor, wenn ich raten darf – Neuweltgeier«, bemerkte der Richter noch unterwegs zum Schreibtisch.

»Legion Condor – Apotheose!«, konterte der Präsident. Sein Sohn flog bei der Legion, war einer der ersten Bomber der Nation über spanischer Erde, hatte schon vierzehn Feindflüge hinter sich. Niemand in der Stadt, der das nicht wußte.

»Kommen Sie, nehmen Sie Platz«, lud der Präsident den Richter ein. »Das mit dem Haftbefehl müssen Sie mir erklären. Da liegt sicher ein Mißverständnis vor. Übrigens – Ihre Tochter, wie geht es Ihr?«

Um Gregor Kuckoff ging es in diesem Zimmer nicht mehr, der saß schon fest. Auf dem Tisch zwischen Präsident und Richter lag das rote Papier, noch kein Haftbefehl. Und noch ein Blatt lag da, auf das der Richter notiert hatte, was er von dem Vorhaben hielt, den Kuckoff einzusperren. Er sprach es aus:

»Untersuchungshaft in einem Fall wie diesem führt den Gefangenen, Erfahrungen haben es schon mehrfach gezeigt, unweigerlich in die Hände von Leuten, die wegen ihrer Unrechtshandlungen keine Strafverfolgung zu befürchten haben, weil sie nach dem Willen eines Einzelnen, des Führers, außerhalb von Recht und Gesetz stehen. Sie fordern den Untersuchungsgefangenen zur Vernehmung an. Was das bedeutet, wissen wir inzwischen. Sie quälen ihn. Schon vor einem Urteilsspruch steht fest: nach Verbüßung seiner Zuchthausstrafe geht's ab mit ihm ins KZ.

Widerstand gegen diese Leute zu leisten ist keine Vorbereitung zum Hochverrat, was Hochverrat immer sein mag. Unrecht ist es, jemanden wie diesen Kuckoff daran zu hindern, zusammen mit Gleichgesinnten weiter zu machen.

Meine Tochter habilitiert sich in Wien mit einer Arbeit über Arnold Schönberg, wo Sie schon danach fragen.«

In der Folge sah sich der Richter vom Amtsarzt vorgeladen, ging aber nicht hin. Gleichwohl gab es ein medizinisches Gutachten und die Entlassung aus dem Dienst. Auf einen Richter wie diesen ist kein Verlaß.

Den Kuckoff hatten sie schon.

Geboren und katholisch getauft ist Gregor Kuckoff im niederrheinischen Homberg bei Duisburg. Seine Mutter Dore Kuckoff blieb unverheiratet. Sein Vater, Willi Baumann, Sägewerker, figuriert als Schlußpunkt auf der Verlustliste einer Abteilung Flußpioniere im nordfranzösischen Fléville. Nach dem Krieg hatten sie heiraten wollen. Er starb 1918 drei Tage vor Waffenstillstand an einem Lungensteckschuß. Als Dore es erfuhr, sie war 25 und arbeitete als Schreibkraft in einem Duisburger Schiffskontor, kam sie lange, lange nicht zu sich. Ganz langsam fing sie an zu begreifen, was um sie herum geschah, als bei ihr daheim in der Wohnschlafküche ein evangelischer Pfarrer auf sie einredete, das Kind evangelisch umtaufen zu lassen.

Dores Bruder Richard Kuckoff, Meisterprüfung im Maschinenbau, während des Krieges unabkömmlich gestellt, Gewerkschaftssekretär, war zum Vormund für seinen Neffen Gregor bestellt, hielt nichts von der klerikalen Akquisition und ging dazwischen. Draußen, draußen durchs Land tönten neue Parolen. Die Fahnen schossen ins Rotbraun. Das alte Gefüge wankte.

Gregor erlernte ab 1925 das Druckerhandwerk. Der Umgang mit Büchern stellte sich wenig später ein. Ungeachtet seiner im Gesellenbrief hervorgehobenen Qualifikation fand er keine Arbeit. Fünf Jahre blieb er ohne Anstellung. Weltwirtschaftskrise. Seine Freunde, seine Bekannten, alle mit denen er sich gut verstand, gingen in den Arbeiterverein. Ihnen schloß er sich an. Dort besuchte er Bildungsabende, hörte Vorträge. Es gab Diskussionen, neue Einsichten, neue Freunde, neue Horizonte und eine Bücherei. Eigene Bücher hätte er gern gehabt. Er spürte, es gibt welche, die er immer in der Nähe haben möchte, die zu missen, ohne die zu leben ein Verlust ist. Sich Bücher zu kaufen schaffte er nicht, dazu fehlte ihm das Geld.

Duisburg 1934. Da hat ihn auf dem Weg zu seiner kränkelnden Mutter ein rühriger Wind eingeholt und ihm ein Papier zugeweht, geradewegs über die Straße direkt auf ihn zu. Ein knallbunter Werbecoupon aus der Schweiz. Darauf stand: Um den Wünschen unserer Kunden noch mehr entsprechen zu können, bitten wir Sie die Frage zu beantworten, aus welchem Land stammen die Weine, die Sie zu einem feinen Essen bevorzugen? Aus Finnland – krakelte Gregor mit Großbuchstaben in das Antwortkästchen des Coupons und schob ihn in den nächsten Briefkasten.

Die Weinleute luden ihn ein. Diese Rebleute hielten Gregor Kuckoff, Druckergeselle, 22, Biertrinker, für brauchbar. Er sei ausbaufähig und originell. Er glaubte es nicht. Sie bestanden darauf, nahmen ihn zur Probe. Seine Mutter, unzureichend versorgt, war erleichtert. Gregor verstand das jetzt als Verpflichtung, die Chance, Geld zu verdienen, nicht auszuschlagen. Seine Freunde waren geteilter Meinung, viele rieten ihm ab, wollten ihn nicht verlieren. Laßt mich nur, sagte er, ich probier's. Onkel Richard nahm ihn beiseite.

Weinreisender wie dieser Ribbentrop – das kannst du doch nicht machen, Junge! Außer du vergißt nie, egal wohin du kommst, was deine Herkunft ist und unser Ziel.

Kellerei, Einkauf, Kontor und Präsentation, die ersten Stationen seiner Ausbildung durchlief er am Hauptsitz der Firma in Basel. Er entwickelte Weinverstand und Kundeninstinkt in so kurzer Zeit, daß man beschloß, ihn direkt an die Akquisefront zu schicken. Er wurde der Niederlassung in Berlin zugewiesen. Dort eröffnete man ihm alsbald, die Zeichen stünden jetzt auf Reichskanzler Hitler. Ausschlaggebend für das Weingeschäft seien die führenden Kreise der Stadt. Ob er, Gregor Kuckoff, sich darüber im Klaren sei, was das für ihn als Kundenwerber bedeute – weltanschaulich gesehen. Am Jackenrevers seines Berliner Chefs blinkte das Hakenkreuz, als der in den Papieren Gregors blätterte. Hier stehe, hielt er ihm vor, er sei nicht kirchlich. Gregor verkniff sich ein Grinsen. Nicht viel hätte gefehlt, gab er zur Antwort, und sie hätten mich zweimal getauft – reicht das nicht? Der Chef fand das nicht komisch.

»Viel nachteiliger ist, du bist nicht in der Partei.«

Gregor wandte sich zum Fenster, sah hinaus ins Gemäuer, ins Gedächer, ins Getürm, ins Gewimmel dieser Stadt und sagte:

»Hanske hat mich vor der Partei gewarnt. Hanske ist 1933 nahegelegt worden, die Taufe zu nehmen, um schneller das Parteibuch zu bekommen. Hanske hat die Taufe genommen und drei Tage darauf das Parteibuch erhalten. Seither fühlt der sich so elend wie nie. Bastille bezwungen, Kommunistisches Manifest inspiriert, Winterpalais gestürmt, Trikolore getragen, geballte Faust erhoben und jetzt? Was jetzt? Schwarz unterm Braunhemd. Siegheil beim Tedeum, mitparadiert am Tag von Potsdam, Autobahnbau und

Eintopfsuppe. Hanske ist das Gestern, das Heute und das Morgen, das Übermorgen. Der Dunst über den Wassern, der Weltgeist. Hanske ist ein Pseudonym, müssen Sie wissen, Chef. Eigentlich heißt er Schmittke. Bei uns am Niederrhein heißt er Schmittke. Zurzeit ist er wohnhaft in der Charité, geschlossene Station.«

Gregor machte Weinkarriere. Die Kunden mochten ihn, das Berliner Geschäft lief bombig. Da bot man ihm an, nach Finnland zu gehen. Hatte er damals nicht auf dem Werbecoupon Finnland als Weinland empfohlen? Sein bitterer Scherz sollte sich als Geniestreich entpuppen. Eine Weindiaspora war entdeckt. Ein weißer Fleck in der Geographie der Branche, ein jungfräulicher Markt. Und er sollte ihn der Firma erschließen. Gregor nahm an, ohne sich recht im Klaren darüber zu sein was es heißt, in Karelien, in Lappland, am Polarkreis Wein an den Mann zu bringen.

In Helsinki begann er, eine Klientel aufzubauen, allerdings eine ganz und gar andere, als man in Basel erwartete. Er ging seinen Geschäften nach, der Umsatz wuchs von Monat zu Monat. Auch Rotwein wurde geordert, das komplette Baseler Sortiment fand Zuspruch. Doch hinter alldem verbarg sich, was ihn eigentlich beschäftigte: herauszufinden, wen er ins Vertrauen ziehen, mit wem er gemeinsame Sache machen kann.

Eines Abends besuchte Gregor einen Vortrag, den die Deutsche Gesellschaft für Wehrkunde vor finnischem Publikum gab. Eine willkommene Gelegenheit, sich unter die Leute zu mischen. Ein Attaché der deutschen Militärmission referierte über die Mannerheim-Linie. Die Zuhörer erfuhren, Berlin begrüße diese Sperre über die karelische Landenge. Der Führer habe ihn den Weißen Wall gegen die Rote Flut genannt – weiter kam der Redner nicht. Aus der ersten Reihe trat ein älterer Herr, deutscher Offizier, ans Pult, nahm sichtlich bewegt das Mikrofon und stellte sich der Versammlung vor als Graf zu Dohna, zurzeit privat in Finnland. Er hielt die Titelseite einer Tageszeitung vom 2. August 1934 hoch mit der Schlagzeile: *Vereidigung der Reichswehr auf Adolf Hitler* und erklärte empört:

»Ich weigere mich, den Eid auf einen Verbrecher zu leisten, lieber quittiere ich meinen Dienst. So jemand wie dem verpflichtet zu sein, ist mir unerträglich.«

Entschlossen entfernte er seine Rangabzeichen von der Kleidung, zerknüllte seinen Dienstausweis, warf ihn von sich. Der Attaché bückte sich danach, um das Papier sicherzustellen, doch Gregor hatte schon seinen Fuß drauf, grinste und bemerkte spöttisch:

»Sagten Sie nicht vorhin Matterhorn-Linie? Ich hab' immer nur Matterhorn-Linie verstanden. Da verwechseln Sie aber die Alpen mit Skandinavien, stimmt's?«

Gelächter im Saal.

Draußen wartete Dohna in einem Taxi. Er brachte Kuckoff zu Wanda Wernitz. Als die beiden ankamen, saß sie vor einem Samowar und schlürfte heißen Tee über grobem, braunem Kandiszucker. Am besten, er lasse sich nicht darauf ein, Tee mit ihr zu trinken, scherzte Dohna, denn mit Tee trinke sie jeden unter den Tisch. Ihren Tee bereite sie nämlich mit Jamaikarum, eigentlich sei das Punsch.

Wanda Wernitz wollte hören, wie es bei dem Nazivortrag gewesen ist, ob sie etwas versäumt habe und sah Gregor dabei versonnen an. Sie nannte ihn Grigorij, holte zwei vorgewärmte Tassen für den Tee, als hätte sie eine Teestunde zu dritt vorausgesehen, und goß ein.

»Komm, Grigorij. Setz dich neben mich. Trinken wir!«

Wanda Wernitz war Schiffseignerin, ihr Name stand im Lloyds Register verzeichnet. Ihre Schiffe fuhren unter deutscher Flagge, sie zeigten am Bug den geflügelten Löwen von Rostock, ankerten dort aber kaum noch. Die Reederei Wernitz wich mehr und mehr aus nach Helsinki, die Zeitumstände ergaben es so. Nicht selten hatten die Trawler der Wernitz Flüchtlinge an Bord, wenn sie aus deutschen Gewässern zurückkamen. Wandas Verbindungen reichten weit auch wenn es darum ging, Flüchtlingen aus dem Reich weiterzuhelfen. Sie brauchte nur zu telefonieren und es setzten wirksame Hilfen ein. Kuriere gingen ab, Einreise- und Transitvisa wurden erteilt, Zugabteile gebucht, Privatquartiere belegt. Sie hatte zuverlässige Kontakte in Schweden, Norwegen, in der Sowjetunion. Erste Station für die Genossen, die Juden, Christen, Intellektuellen, Künstler, die auf den Schiffsplanken der Wernitz Helsinki erreichten, war stets das große Blockhaus am Stadtrand, in dem auch Gregor lebte und sein Weindepot unterhielt.

Gregor saß unter den Flüchtlingen, hörte ihre Berichte und fühlte sich wie jemand, der längst weiß, daß er am falschen Platz ist. Die Zustände daheim wurden immer schlimmer, die Bedrohung wuchs von Tag zu Tag. Und sind die Olympischen Spiele von Berlin erst einmal vorbei, so prophezeiten viele, ist mit dem letzten Rest Rücksichtnahme auch Schluß. Dann packen die Nazis richtig zu, dann kommt so leicht niemand mehr raus.

Zunächst war von den Flüchtlingen zu hören, zu Hause herrschen Pathos und Groteske. Bischöfe und Gauleiter geben einander die Türklinke in die Hand. Die Verehrer Goethes, die Anhänger Thomas Manns,

Lehrer, Richter, Professoren stehen stramm. Exerzieren im Gleichschritt. Intonisieren Marschlieder. Bewegen sich im Stiefelstakkato. Kloppen Gewehrgriffe. Haben wieder einen Verteidigungsauftrag. Sind kriegstüchtig. Beteiligen sich an Geländespielen. Löffeln Erbsensuppe dick mit Speck aus Kochgeschirren. Zielen über Kimme und Korn auf Pappkameraden. Nennen es Wehrmacht. Heben die Hand zum Schwur auf Führer-Folk-Faterland. Ist es Klamotte? Ist es Tragödie?

Nachkommende Flüchtlinge erzählten, einer, ein einziger hat bisher beim Befehl Helm-ab-zum-Gebet nicht mitgetan. Er ist abgeführt worden. Ich lasse mir zu beten nicht vorschreiben, schon gar nicht befehlen, hatte er zu seinen feldgrauen Richtern gesagt. Urteile ergehen im Kommandoton. Tollhaus.

Wieder spätere beklagten: auf die Hoffnung ist kein Verlaß mehr.

Und die Kultur? Die Musik spielt munter auf. Panzer, Kübelwagen, Sturzkampfbomber mit Knickflügeln, Torpedos geben die Kulisse ab. Für Menschen ohne solche Kultur ist Kazett als Therapie verordnet. Arbeit macht frei, heißt es für die.

Da legte Gregor Kuckoff den Schalter um. Den Vollbart, den er sich hatte stehen lassen, rasierte er ab, trug kurzes Haar, strengen Scheitel, ging geschniegelt und gebügelt, um unverwechselbar deutsch auszusehen. Ins Unauffällige übte er sich ein. Dazu gehört ein äußerlich angepaßtes Erscheinungsbild. Gregors Chefs in Basel entging, daß er Finnland Richtung Reich verließ. Keine Sorge, deinen Weinkram hier erledige ich für dich, hatte Wanda ihm zugesichert, als er heimfuhr.

Lange wußte seine Mutter nicht, daß Gregor wieder da war. Er ließ sich bei der Familie nicht sehen, hielt sich strikt im Verborgenen. Unerkannt zu bleiben war lebenswichtig. Doch Björn hatte bereits Witterung aufgenommen, ein gefürchtet-berüchtigter brauner Parteikader mit Ambitionen auf Höhere Weihen. Sein Kampfname ließ eindeutige Schlüsse zu, verstand er es doch wie kein Zweiter dafür zu sorgen, daß Gegner gehörig die Hucke voll bekamen. Als die Nazischergen bei Gregor eindrangen, November 1936, stellten sie Druckstöcke sicher und den Hektographen, mit dem hatte er viele Flugblätter, Texte, Rundschreiben und Dokumente hergestellt. Einzelne Stücke davon fanden sie noch vor. Illegales Material. Aufrufe und Weisungen für die Organisation, Äußerungen Lenins und Bebels, Auszüge aus den Schriften exilierter oder internierter Autoren. Auch eine Adressenliste und Aufzeichnungen über Fluchtwege in die Schweiz. Zwei Wochen brauchten sie, bis sie herausfanden: sie sind ihm aufgesessen. Blindmaterial. Vorsorglich aufbereitet für den Fall, daß die Druckwerkstatt von den Nazis ausgehoben würde. Abarbeiten sollten sie sich auf einer Verleitfährte, die ins Leere ging. Zeitgewinn für flüchtige Freunde, sich in Sicherheit zu bringen.

»Auspressen!«, rief der Staatsanwalt, als er davon erfuhr.

»Zitrone?«, fragte der von der Gestapo.

»Iwo, Blutorange!«, präzisierte er.

Sie drückten Gregor Kuckoff die Nase ein. Mit der Tür quetschten sie ihm zwei Finger krumm.

»Komm, beicht' jetzt mal alles schön«, sagten sie, »sonst kommst du nicht in den Himmel. Kennst du die Hölle? Wanda Wernitz, die kennst du aber. Erzähl uns über sie, alles! Oder wir stecken das Bißchen, was du zwischen den Beinen hast, auch noch zwischen Tür und Angel. Wanda wär' da bestimmt traurig drüber.«

Gregor saß ein, lebte nicht, lebte doch. Wurde bewacht, jede Stunde kontrolliert, zwölfmal am Tag, zwölfmal in der Nacht. Zwei Jahre lang. Tauschte dann die schwarze Zuchthauskluft mit breiten gelben Streifen an der Hose, rundes schirmloses Krätzchen mit einer KZ-Montur. Roter Winkel aufgenäht. Politisch.

Wer ist da noch herausgekommen.

NOKTURN

Hecht ist am besten im Herbst

Ein Tag ohne Arbeit, ein Tag ohne Essen, ein Tag angesichts der Wahrheit. Sechster Oktober, ein Freitag. Wahrheit ist das Unanfechtbare. Gibt es das?

Im Obergeschoß des Hauses Mabilon in Wittlich, wo Martha ein Unterkommen gefunden hat, ist es selbst bei geschlossenen Fenstern ziemlich laut. Dicht am Haus vorbei rauscht ein Fluß, eher ein Bach, die Lieser. Ihr Wasser stürzt hier über eine Schwelle aus Wacken und Geröll. In Augenblicken kurzer Entspannung, oft sind es zugleich Momente deutlichen Erinnerns, ist vorstellbar, welche Menschen zwischen diesen Wänden schon gelebt haben. Alles unauffällige, mit Himmel und Erde in Einklang lebende Leute, wer will es bezweifeln. Einer von ihnen hat bei dem andauernden Lärm draußen *Silent Night* in den Wandputz über dem Bett geritzt. Ob als Wunsch oder Absage verstanden, ist nicht mehr auszumachen. Nun ist es Martha, 25, die hier lebt. Verheiratet, Mutter eines vorehelichen Kindes, Fotojournalistin. Ein Mönch geht bei ihr ein und aus. Sie hat das Risiko der Einzelgängerin auf sich genommen. Sie hält, was geschieht, in Bildern fest. Sie dokumentiert.

Wittlich im Heiligen Jahr 1950. Öffentlich angekündigt sind kulturelle Ereignisse. Der Herbst geht immer mit Kultur einher. Im Rathaus der Stadt planen sie ein Vorhaben von künstlerischer Bedeutung. Der Rat der Stadt trägt sich mit dem Gedanken, das Treppenhaus des Rathauses mit den Apokalyptischen Reitern ausmalen zu lassen. Einer der Wortführer im Stadtrat führte aus:

»Unser Rathaus wurde 1653, fünf Jahre nach Ende des Dreißgjährigen Krieges erbaut. Damals wie heute haben wir guten Grund, uns die vier Perikolo-Reiter als Mahnung dienen zu lassen. Wo ist der richtige Mann«, so fragt er in die Runde, »um eine solche Arbeit auszuführen? Wer ist der Albrecht Dürer unserer Tage?«

Das Foto, mit dem Martha aus der Ratssitzung kam, hat sie zusammen mit dieser Redepassage anonym, das heißt nur mit Poststempel Wittlich versehen, nach München geschickt. Auf dem Umschlag stand keine Adresse, die wußte sie nicht. Statt einer Adresse hat sie mit Schreibmaschine auf den Umschlag geschrieben: Guido Pagels malt München. Wittlich zu malen – traut er sich das zu?

Die Antwort darauf ist jetzt da. Schon seit einiger Zeit weiß Martha, daß Guido noch lebt und sich in München einen Namen gemacht hat. Aus einer Züricher Zeitung weiß sie es. Dieses Blatt liegt im Gästezimmer eines Wittlicher Hotels aus. Täglich ißt Martha dort ein Stück Apfelstrudel. Ein finanzielles Opfer, das sie bringt, um eine Züricher Zeitung lesen zu können.

»Stell dir vor, er ist wieder da«, hat Gerda Bastgen ihr gestern am Telefon gesagt. »Komm, komm so schnell wie du kannst, ich mache euch einen Kaffee, wie ihr noch keinen erlebt habt.«

Doch um Guido zu sehen, braucht Martha das Haus nicht zu verlassen. Guido ist auf dem Weg zu ihr, schon seit gestern. Aus dem französischen Jeep ist er gesprungen und nach Binsfeld gelaufen, um sie zu treffen. In Binsfeld traf er Marthas Mutter und das Kind an. Sein Kind. Hanno. Vor dem Mann in der langen Kutte hatte der Junge Angst. Guido steckt nämlich immer noch in seinem Klosterhabit. Von Gerda weiß Martha, mit Guido ist alles in Ordnung. Der blaue Sanitäter, stell dir vor, ein richtiger Maler ist aus ihm geworden. Der kleine prima Junge von damals, ein Mann von Welt ist er jetzt – so hat Gerda ihr gestern versichert. Da ruft Käbs an, möchte sie vor Guido warnen. Er rufe im Auftrag ihrer Mutter an, versucht er zu erklären.

»Laß dich nicht wieder auf diesen Guido ein, er kann dir nicht weiterhelfen, er steht außerhalb.«

Martha legt auf. Sie lacht, tönern lacht sie. So einer wie der Käbs hat alle Welt hinter sich, was er auch tut, was er auch läßt, so lange er bei der Wahl seiner Mittel sich an das hält, was in der Welt gilt. Zum Beispiel gilt in der Welt: auch daheim muß die Welt weitergehen. Vater, Bruder, Opa sind tot. Mutter kränkelt, immer häufiger geht sie zum Arzt. Und ich, ich hab' ledig ein Kind. Die Welt geht weiter, auch die Welt daheim. Ledig ein Kind zu haben kann bedeuten, die Lösung liegt auf der Hand oder das Verhängnis lauert im Busch.

Zunächst schien es so, als sei Käbs die Lösung. Er ist vom Fach und Absolvent der Landwirtschaftsschule. Er hat Ambitionen im Landhandel, zeigt Talent im geschäftlichen Umgang, tickt beim Kopfrechnen präzise wie ein Uhrwerk. Käbs stellte in Aussicht, das Kind durch Adoption zu legitimieren. Zur Bedingung machte er die Einheirat und die Eintragung seiner Person zu einhalb Anteil im Grundbuch. Er berief sich auf Autoritäten, die ihm zu dieser Lösung geraten hätten, allen voran auf den Abt.

Martha wollte vom Abt wissen: was ist mit meinem Abitur, kann ich weiter nach Wittlich aufs Gymnasium gehen, wenn ich heirate? Der Abt segnete sie. Deinen Bräutigam zu lieben ist das Zeugnis deiner Reife, beschied er.

Martha heiratete. Ihre Mutter wurde wieder gesund. Die Adoption unterblieb. Käbs nahm das Kind nicht auf seinen Namen. Für das Kind ein Glück, wie Martha heute weiß. Die Misere mit Käbs war noch nicht zu Ende. Das Verhängnis lauerte im Busch. Kaum daß Käbs nämlich als Grundmiteigentümer eingetragen war, verlangte er die Auszahlung seines Hälfteanteils in bar. Für den Fall des Unvermögens von Mutter und Tochter, so schrieb ihnen sein Rechtsanwalt, drohe Zugriff per Zwangsversteigerung.

»Da haben Sie es«, beklagte Martha sich beim Abt.

»Du hast ihm keine Kinder geboren«, monierte der Abt, »entzogen hast du dich ihm, er ist im Recht.«

»Er will sich scheiden lassen«, bohrte Martha.

»Schlimm genug, allein diese Absicht!«, entrüstete sich der Abt. »Ehescheidung – Gott bewahre! Ich bete für dich.«

Martha wollte wieder nach Wittlich auf das Gymnasium zurück, nur noch ein halbes Jahr hatte sie bis zum Abitur. Sie bekam einen Bescheid der Bezirksregierung: Nein, das geht nicht. Eine sittliche Gefährdung wäre das für Mitschüler und Mitschülerinnen, mithin ein der Schulzucht abträglicher Zustand.

So wie Martha gerne wahrhaben möchte, wenn Guido nachher kommt, wird es nicht sein. Gestalt, Gesicht und Stimme wiederzuerkennen, mehr ist wohl nicht zu erwarten. Was sonst noch zwischen ihnen war, ist unwiederholbar.

Martha versucht das Unwiederholbare. Alles Aufgesetzte streift sie ab, Nylons, Lippenrouge, Ohrklipse. Auf einen Zuschnitt wie damals, als sie Guido kennenlernte, reduziert sie sich. Sie zieht Strickstrümpfe an, glattfallenden Pullover, Werktagsrock, geschnürte Halbschuhe. Das Haar trägt sie immer noch bubenhaft kurz. Sie kürzt auch die Fingernägel. Sie raut sich die Hände auf, rissig und hart waren sie damals daheim, als es keine Seife, kein Glyzerin, keine Creme gab, nur schwere Handarbeit.

Als sie vor den Spiegel tritt, schaut sie aus, wie Guido sie gemocht hat: eine Vierzehnjährige, bereit zum Spiel mit dem Feuer, bei dem kein Brand ausbrechen darf. Begierig zu erfahren wie es ist, wenn es lichterloh brennt. Wie heiß man sich fühlt, wie kalt, wie tot, wie lebendig. Ungekünstelt steht sie da, ohne feminine Attribute. Ohne eine Spur der Verlockung spiegelt das Glas sie.

Das blaue Licht der Eifel, was es auch sei. Guidos Licht ist Martha. Er steht in der Tür und sieht sie wieder.

»Jeh, daß es dich noch gibt!«, sagt er. »Du, ich bin ein Mönch, ich heiße Felix. Einen Sohn hab' ich. Angst hat er vor mir. Was soll ich machen? Wie geht es dir?« Sie zieht ihm die Kutte aus. Vor den Spiegel rückt sie ihn, schließt ihn von hinten in die Arme.

»Komm, Guido«, sagt sie, weil sie sofort erkennt, was mit ihm ist. »Vieles liegt dazwischen«, beteuert sie. »Komm, wir machen einen Zeitsprung und alles ist wieder gut. Du bist der mit dem Roten Kreuz am Hut. Ich bin die Unschuld vom Eifeler Land. Der Maler und das Gör' – hilft dir das?«

Was mit ihm ist. Frontakustik hört er wieder. Geschosse orgeln über ihm. Immer näher kommen sie, immer dichter fallen sie vom Himmel. Als es über ihm einschlägt, als die Zimmerwand zusammenstürzt, einen Teil der Decke mit sich reißt, als alles brettert, alles bricht, dichter Mörtelstaub ihn eindunkelt, als Guido außer Martha nichts mehr spürt, als wirklich nichts mehr ist als nur noch Martha, als alles ist, aber nichts geschieht, da steht er auf. Wie zu seiner Entschuldigung wiederholt er:

»Angst hat der kleine Junge vor mir. Was sagst du dazu?«

Guido schlüpft wieder unter seine Kutte und spürt, da hat er festen Grund unter den Füßen.

»Der Weg zurück zu dir, Martha, führt mich ins Leere. Eine Flucht ist es in ein Traumbild. Es sei denn – die Apokalyptischen Reiter in Wittlich. Weißt du, ich male sie frontal blau. Sie reißen im Galopp die Pferde hoch. Auf dem Sprung sind sie. Über uns hinweg wollen sie wieder, wie die Wilde Jagd. Sie aufhalten, in Bann schlagen, sie paralysieren kann nur das Blau. Zwingendes, blockiges Blau.«

Martha öffnet die Tür zum Nebenraum, ihrem Fotolabor. Die Reiter, ob er sich schon vorstelle, wie sie aussehen könnten? Im Licht der Deckenlampe sind Fotos zu sehen, mit Wäscheklammern an einer Leine aufgereiht. Ein gutes Dutzend durch Vergrößerung hervorgehobene Portraits. Eine Galerie markanter Physiognomien.

»Da hast du«, erklärt Martha, »die Konterfeis der HimmeRotte, die alten Generäle oder Generalstäbler Hitlers, die Himmeroder Tagungsteilnehmer. Gregor hat es geschafft, sie gestern im Kloster abzulichten. Sie spielen wieder Krieg, wollen eine neue Wehrmacht aus der Taufe heben. In Himmerod assistiert man ihnen mit dem Weihwasserwedel. Das sind die Reiter von heute. Die Apokalypse galoppiert. Bist du sicher, gibt es gegen sie blockiges Blau genug?«

Die Wahrheit ist das Unanfechtbare, so glaubt Martha.

»Unanfechtbar ist, bei Gerda trinken wir alle zusammen einen starken Kaffee, bevor es heute Nacht losgeht!«, so hat es Gregor ihr gesagt. Sie sagt es jetzt auch Guido.

Wer zweifelt an, was Basil sagt?

Guido nickt Martha zu. Eigentlich traut er seinem Blau noch nicht. Er braucht ein Blau, das es nicht gibt, doch er sieht es schon. Guido stellt sich Himmerod als amphibisches Reich der Mönche vor, als Vineta der Eifel, und hat ein Cyan-Blau vor Augen, klaftertief.

Gregor, ach der. Schön, daß es den noch gibt.

Was Gregor noch gesagt hat: Womit wir es zu tun haben, Freunde, ist die Gesellschaft mit beschränkter Haftung. Diese Herren haften nur beschränkt. So ist der Usus. Damit rechtfertigen sie sich immer. Was wir heute Nacht erleben werden, ist das Bankett der GmbH. Soviel steht unumstößlich fest.

Was Gregor ihm noch ausrichten läßt: Der Matrose, der ein SS-ler ist, der Gold aus den Mündern der Juden gerissen hat, der den Franzosen gestern ins Netz gegangen ist, hält sich im Kloster diesen kapitalen Hecht. Gefüllt und garniert soll der heute Abend der GmbH serviert werden. An Gräten im Hals kann man ersticken. Sorgt, wenn ihr Fisch eßt, daß es nicht soweit kommt, gemahnt die *Regula Benedicti,* verheißt der Segen des Heiligen Blasius, rät die Vorsicht. Das Himmeroder Nachtmahl – eine Landpartie ins kulinarische Risiko könnte es werden.

Es ist 5Uhr17 abends.

Planmäßig fährt der Bus um vierzehn nach. Bestimmt geht er wieder mit Verspätung ab, hofft Martha. Guido kennt den Busfahrer. Den Bus kennt er auch. Den Anstieg am Pichterberg schafft der nicht ohne mich, versichert er.

Wirklich ungeheuer ist nur das Militär. Schläft die Vernunft, wuchern die Ungeheuer salmaufwärts. Nicht der Spanier ist es, der am Bahnhof Wittlich diesen Bus noch antrifft. Nicht Goya ist es, der in Begleitung einsteigt. Hinter Gewölk, das heranzieht, ist blasser Mond zu ahnen. Von einem Tag zum anderen kann die Bläue vergehen.

»Wieder wie vorgestern?«, fragt der Fahrer, »Sie fahren jetzt wohl öfters mit, was gibt es für Sie da oben zu tun?« Er erkennt Guido auch in der Mönchskutte wieder.

»Die Schrecken des Krieges zu malen«, erhält er lakonisch zur Antwort.

Zu einem Gespräch ist der Fahrgast heute nicht aufgelegt, setzt sich mitsamt seiner Begleitung in die Reihe hinter dem Fahrer. Den Berg hinauf nimmt der Bus diesmal wie nix. Mühelos geht er durch die Spitzkehren, schafft eine nach der anderen. Eine unerklärliche Kraft zieht ihn, praktiziert ihn hinauf, so als hätte er einen brandneuen Motor unter der Haube.

Weit zurück liegen die Lichter von Großlittgen. Der Busfahrer steuert nach links auf das alleinstehende Haus zu. Er hält auf freier Strecke an derselben Stelle wie vorgestern Abend. Unaufgefordert tut er das und ohne sich zu erkundigen, ob es so recht ist. Vielleicht möchte ja jemand seine Fahrt wieder bei Bastgen beenden. Guido und Martha steigen aus. Sie werden schon erwartet. Bruder Gregor steht in der Tür des Gasthauses.

Drinnen trägt Gerda Bastgen Kaffee auf. Am ovalen Tisch sitzen sie und besprechen, was sie sich für heute Nacht in Himmerod vorgenommen haben. Bevor sie wieder aufbrechen gibt es noch eine Überraschung. Gregor präsentiert auserlesenen Tee in einer buntlackierten Dose, kyrillische Schrift auf dem Etikett. Aus Schweden ist für ihn gestern ein Päckchen angekommen mit dem Tee und einem Brief, darin ein Buntfoto. Es zeigt ein aus Brettern zusammengebasteltes Fluggestell. Hinter dem Steuerknüppel sitzt ein kleiner Junge mit Pilotenbrille. Mit dicken Strichen hat er auf den Rumpf des Fluggerätes geschrieben, wie es heißt: Eisvogel. Der Brief ist von Wanda. Wanda Wernitz. Den Vogel hat Olaf, so schreibt sie, ohne fremde Hilfe gebaut. Er möchte damit einmal nach Deutschland kommen zu seinem Vater. Ja, so ist es, Grigorij. Noch in Helsinki habe ich Olaf geboren. Dem drohenden Zugriff der Hitlerbande bin ich mit ihm hierher nach Schweden ausgewichen. Gemeint haben wir, du bist tot. Doch der Suchdienst hat uns soeben die Nachricht übermittelt, daß du lebst. Wir grüßen dich.

Die kleinen, blauen Spiegel der Fischteiche erlebt man am eindringlichsten von oben, vom Rand des Talkessels aus. Dahin führt ein Pfad bergan. Nach Sonnenuntergang füllt sich das Wasserrevier mit grünstichigem Licht. Fahl wie erloschene Augen starren darin die zur Talseite ausgelegten Fenster der Abtei. Im allerletzten Licht wächst und blüht eine Stille wie hinter dick verstaubten Tüllvorhängen. Die Legende lebt. Noch heute hält sich jeder Fischer im Himmeroder Talgrund für verflucht, wenn er in diesem Moment der großen kosmischen Energie sein Netz oder seinen Köder auswirft, um Fisch zu landen. Und doch treibt gerade jetzt der Fischmeister sein Fischwesen. In einem eigens angebohrten Kahn schaukelt er. Durch die Bohrlöcher sprudelt Wasser ein, bald steht es halbhoch. Nein, soviel Fürsorge! Traulich dümpelt der Hecht im Kahn. Mit einer langen Stake sticht der Fischmeister mal links mal rechts in den Teichgrund. So balanciert er den Kahn, so trickst er Charlie an Land.

Subtile Tötung. Keine Schuppe darf dem Hecht gekrümmt werden. Seine Haut soll unversehrt erscheinen. Überraschend und schnell muß der Tod eintreten, damit kein Schatten seine Augen trübt. Hellwach soll er auf dem Serviertablett ausschauen. So, als lebe er, als mache er sich einen Spaß daraus, sich auf dem Trockenen bestaunen zu lassen – um dann unvermittelt mit einem veritablen Hechtsprung aus der Schüssel zu fahren und seinen Gaffern garniert und parmesiert mit grandiosem Flossenschlag all den Kram, Petersilie, Lorbeerblatt, Käsekrümel und Meerrettich, um die Ohren zu schmeißen.

Der dort sein Schlachtopfer an Land bringt, ist ein Mann aus der letalen Praxis, ausgebildet im Töten. Nicht nur die grobschlächtigen Weisen wie Hauen, Würgen, Köpfen sind ihm geläufig. Auch auf verschleierte Prozeduren versteht er sich. Hat gelernt alles so einzurichten, daß es wie ein natürlicher Tod aussieht. Ein Jahrzehnt hat er im Zeichen des Totenkopfes gestanden. Leuten im weißen Kittel hat er assistiert. Metallsonden ins Herz, ins Hirn praktiziert. Heilbäder bereitet mit Elektrokabel. In Duschkabinen verführerisch duftendes Gas einströmen lassen. Jetzt stößt er den Kiel des Kahns ins Ufergeröll, daß es knirscht, daß es aufschrillt. Während Himmerod und alles ringsumher eins ist, während aus kosmischem Kraftfeld tiefatmend Gottesstille ins Tal fällt, betreibt er sein Fischwerk. Im Ordenskleid steht er da und bricht den Firnis der Urstille.

Guido nimmt Martha bei der Hand.

»Stell´ dir vor, da liegt Vineta«, sagt er. »Kommst du mit?«

Er führt sie vom Talrand hinunter zum Kloster. Durch ein geöffnetes Fenster der Küche sehen sie Gregor, wie er auf einem veritablen Piedestal im Zentrum seines Reiches thront. Links und rechts, vor und hinter ihm sind die Kartoffelschäler, die Käsereiber, die Abhäuter, die Federrupfer, Petersilienhacker, Eierstückler, die Reisigzerkleinerer und Ofenfächler am Werk. Da brodelt es in Töpfen, brutzelt es in Pfannen, gart es und köchelt. Unter dem Schneebesen schäumt Herbes und Süßes. Fades und Feines verbreitet seine Aura. Von seinem hohen Sitz aus weist er die Helfer an. Art und Menge der Gewürzprisen benennt er. Zutaten ruft er aus. Streng wacht er über Rühr- und Siedezeiten. Die sich entfaltenden Düfte komponiert er zu einer nie dagewesenen Melange. Kulinarischer Weihrauch. Mit geschlossenen Augen saugt er ihn ein.

Guido und Martha meinen, einen Dirigenten vor sich zu haben, der nach allen Seiten die Einsätze gibt, die Paukenwirbel, das Pizzicato, die Tempi, das Vibrato, die Koloratur dosiert und das ganze Universum in einen Rausch versetzt.

»Bravo!«, ruft Guido und steigt mit Martha durch das offene Küchenfenster ein.

»Bravissimo, Maestro! Die Welt ist ein Trauerspiel. Sie verwandeln mit Ihrer Kunst alles in Harmonie. Komm, gehen wir und holen, was hier noch fehlt: die Hemina, für jeden von uns den klosterzüchtigen Schluck. Martha, wenn Sie gestatten, das hier ist Martha. Ich bin sicher, sie kommt mit. Unten im Keller sprengen wir die Dauben des Weinfasses. Hervorsprudeln lassen wir mit dem Riesling, der herausschießt, das versteckte Juwel, das Rheingold – so würde Tronje Hagen sagen. Das Raubgut, so sagt das Nürnberger Tribunal. Das unverdiente Glück, so nennt es der Abt.«

Heinrich Wasserbaum und Birtler sind als Ordonnanzen für das Mahl der Architekten eingeteilt. Vitus wünscht es so.

»Eigentlich müßten die Gäste schon hier sein«, schreit Birtler mit trichterförmig gehöhlter Hand dem alten, tauben Heinrich ins Ohr. So taub oder so hellhörig der ist, er macht aus seiner langjährigen Erfahrung mit hochgestellten Herrschaften keinen Hehl:

»Wir können froh sein, wenn sie überhaupt kommen. Für Generäle und Obristen ist das, was ich hier sehe, nicht gerade einladend.«

Wasserbaum hält die schlichte Aufmachung im Speisesaal für unangemessen, ja für degoutant. Wie im Glanz seiner besten Jahre steht er da in seiner Livrée à la façon Hindenburg. Damit war für diesen Abend zu rechnen. Ebenso war abzusehen, daß er noch im letzten Augenblick das Arrangement ändert. Er tut es.

Die Messer, die Gabeln, die Löffel mit simplem Holzgriff, die Zahnputzgläser räumt er ab. Er deckt mit echtem Porzellan, legt silbernes Eßbesteck auf, stellt langstielige Trinkgläser an ihre Plätze. Von der Wand nimmt er das Spruchband mit dem albern-frommen Motto. Stattdessen pinnt er eine Landkarte an mit dem Gebiet der DDR, Polens und Weißrußlands. Schließlich ist die Waffen-SS präsent. Auch Birtler trägt zur Feier des Tages das Tuch aus seiner großen Zeit.

»Dass du dich das traust?«, wundert sich Wasserbaum, »Sturmbannführer, wenn ich nicht irre.«

Birtler zeigt ihm seinen Entlaßschein mit dem Stempel des französischen Gefängnisses in Wittlich, Datum von gestern.

Die Architekten kommen und nehmen geräuschvoll ihre Plätze ein. Auf dem Betpult liegen aufgeschlagen die Leviten zum heutigen Tage. Einer der Herren tritt heran, doch steht ihm der Sinn nicht nach Andacht und Buße. Von seinem Notizblock liest er ab, in welchen Punkten sie bislang Übereinstimmung erzielt haben. Er wolle sich all dessen noch einmal versichern, bemerkt er im Tonfall des Protokollanten. Bei jedem Punkt, den er anspricht, nicken die Herren und er hakt ab. Harz, Thüringer Wald, Danzig, das Baltikum, Ukraine hängen an der Wand. Man hat das Operationsgebiet vor Augen. Vom Betpult ist zu hören:

»Die Lage Deutschlands ist so ungünstig wie niemals zuvor in der Geschichte. Die Wehrkraft des deutschen Volkes ist wohl vorhanden, doch fehlt der Wehrwille, die Kriegstüchtigkeit. Die Diffamierung während der letzten fünf Jahre hat den Wehrwillen und die Opferbereitschaft systematisch untergraben.

Notwendig ist von Seiten der Westmächte: Die Einstellung der Bombardierung Helgolands. Eine Ehrenerklärung für den Deutschen Soldaten und seine militärische Gleichberechtigung. Die Wiederherstellung der Wehrmachtsteile zu Lande, zu Wasser und in der Luft. Eine Beendigung der Diffamierung der im Rahmen der Wehrmacht seinerzeit eingesetzten Waffen-SS. Die Freilassung der als Kriegsverbrecher verurteilten Deutschen, soweit sie nur auf Befehl gehandelt haben.

Operative Schwerpunkte sind: die Dardanellen, das Gebiet Tagliamento-Alpen-Süddeutschland, die gesamte Atlantikküste von Narvik zum Skagerrak bis zu den Pyrenäen, der Mittelmeerraum entlang der Linie Korsika-Sizilien-Suez.

Jeder Verlust an Boden ist gefährlich. Deshalb: die Operationen sind soweit ostwärts wie möglich und offensiv zu führen. Überall und von Beginn an muß der Feind, wo er sich zeigt, angegriffen werden. Die Kampfhandlungen werden möglichst bald auf ostdeutsches Gebiet vorgetrieben mit anschließenden großräumigen Angriffen nach Rußland hinein – auch mit dem Ziel der Vernichtung des Ölgebiets in Baku, angloamerikanische Luftunterstützung vorausgesetzt.

Sicherzustellen sind: Luftwarndienst, Luftschutz, wirksamer Geheimschutz, Deutscher Heimatsinn, Deutsche Familie, gesunde Vaterlandsliebe, Vorsorge gegen Fluchtbewegungen der Bevölkerung, Propagandaeinrichtungen zur inneren Festigung gegen Zersetzung durch den Bolschewismus und Totalitarismus. Die Ostgefahr darf nicht zu gering dargestellt, aber auch nicht überbetont werden, damit die Wehrbereitschaft nicht leidet oder Entmutigung eintritt.

Als gepanzerte Faust gen Osten figurieren zwölf westdeutsche Divisionen. Schnellbootmotoren zweckmäßig Daimler Benz …«

Vitus tritt ein, blickt in die Runde und geht zum Betpult. Er spricht für alle das Tischgebet. Die Herren beglaubigen auch dies durch Nicken. Vom Notizblock herunter heißt es dann weiter:

»Abschaffung des Burschenwesens in Offizierskreisen und der Kasino-Ordonnanzen – ... Verzeihung, falsche Zeile. Wo war ich stehen geblieben? Moment mal – ach ja: Daimler Benz, Seestreitkräfte ...«

Dann wird der Hecht aufgetragen. Auf Kiel liegt er, Heckflosse anmutig geschwungen, spähende Augen. Herein bringt ihn einer in Kazettkleidern – Gregor. Über den Kopf ist er kahlgeschoren. Im Mittelgang zwischen den Tischen zeigt er den Hecht nach links und rechts vor. Gekonnte kulinarische Präsentation, die illustren Herren kennen sich da aus.

»Fisch – habe ich doch gesagt. Fisch gibt es heute Abend«, kommentiert mit professioneller Kühle der am Betpult, Flotillenadmiral a.D., Fischkostkenner, Seefahrer. Mit wächserner Miene gibt er jetzt das Mahl als ein Arbeitsessen aus. Er fordert die Runde auf damit einverstanden zu sein, daß er während des Essens ihren Konsens mit den Diskussionsergebnissen weiter abfragt. Rundherum trifft er auf nickendes Einverständnis.

»Sind ja nicht zu unserem Vergnügen hier! Mahlzeit!«

Während der Livrierte Wein in die Gläser und der mit dem Totenkopf am Uniformkragen heißes Wasser in die Fingerschalen gießt, tranchiert der Kahlgeschorene den Fisch. Ein Skalpell führt er mit gekonntem Zug tief entlang der Rückenlinie, klappt auf und legt frei: ausgebrochene Goldzähne. Jedem in der Tafelrunde klickert Gregor eine Handvoll davon auf den Teller, während sich der Admiral ungerührt über Minenlegen in der Ostsee ausläßt.

Und dann kommt das Füllsel zum Hecht. Heute geht es extra. Guido bringt es herein, ihm voraus schreitet Martha mit bimmelndem Glöckchen. Die Tafelrunde lehnt sich zurück. Mysterienspiel. Selten so gelacht!

Da sind wir um die halbe Welt marschiert, hin und zurück. Haben alles gesehen, alles erlebt, alles bewältigt. Sind durch Stürme gegangen und Gefahren, durch Siege und Verderben, Gevatter Tod immer im Gepäck. Und leben noch. Und sind schon wieder gefragt. Und hoffen auf neuen Marschbefehl. Das Kontinuum der Geschichte, ihre Akteure sind wir. Und diese da, diese Leutchen da, wollen uns jetzt Welttheater vorspielen. Bemühen sich redlich. Machen mit Kostüm und Requisite, mit Maske und Mimik stattliche Figur. Das schon. Ist aber doch zum Piepen. Du lieber Himmel! Totenglöcklein als Marschmusik. Zum Schießen ist das!

Die Herren beugen sich wieder über ihre Teller und lassen es sich munden. Sie heben die Gläser und stoßen an. Die neue Wehrmacht, rätseln sie, wie wird sie denn heißen? Wer von uns hier auf Tauchstation im behaglichen Himmerod, scherzen sie, wer wird denn ihr Generalinspekteur sein? Wer wohl? Sie bieten einander Wetten an. Sie knobeln. Sie stippen ihre Fingerspitzen in Unschuld, immerzu.

Selten so gelacht!

»Bitte auf Zyankali zu achten!«, schallt es durch den Saal.

Das Lachen der Herren gefriert. Die Lage wird kritisch. Aus dem Schatten des pommerschen Panzergenerals, des Windhunddivisionärs, löst sich der Dauerläufer und trabt seine Runden um den Tisch, nimmt in diesem gespenstischen Reigen nacheinander Guido, Gregor, Martha und Birtler mit, auch der alte Wasserbaum in seiner Livrée reiht sich ein. Wahrlich eine *danse macabre*:

»Oktober ist Zyankalimond, ob sechster oder fünfzehnter – egal. Ich war dabei, sammele Siege. Wie steht's damit bei euch? Also wißt ihr! Mir entgeht nichts. München, Berlin, Schorfheide, Berchtesgaden, Nürnberg, Jagdflieger, Jägermeister, Junkie – na, dämmert's? Zeit, sich zu erinnern. Sonst helfe ich doch mal nach. Funck 1923 Versunkene Stadt. Drei Monate, drei Wochen und drei Tage, was sind da Tausend Jahre? Vorpommern, Harald Blauzahn der Däne, Sündfluten. *Aus des Meeres tiefem, tiefem Grunde klingen Abendglocken dumpf und matt* – naja, der Müller mit seiner Dichterei. Wie schön leucht' uns dagegen der Morgenstern.«

Der Läufer hält inne, von nervösem Hüsteln geplagt. Hinter dem Mönch Vitus steht er nun. Dröhnende Stille füllt den Saal, als er zu deklamieren anhebt:

»Die Nacht ist finster, ohne Stern und Mond.
jetzt schläfst du, Stadt, auf tiefem Meeresgrund,
vom Trollenvolk Ertrunkner bloß bewohnt;
und ist in deinem Reich kein andrer Mund,

als der dem Schrei der Geisterstunde front,
dem Erzschrei, der aus Tor und Pforte rund
die Toten wirbelt, blinden Auges und
der Spanne durstig, die der Schemen schont.

Hoch droben übern Spiegel zieht ein Boot ...
Das Ruder ruht. Und eine Stimme bebt:
Horch, Herz, da drunten läutet jetzt der Tod ...«

Die Saaldecke stürzt, Wasser bricht ein. Brodelnde, blaue Flut ergießt sich.

Guido schaut sich um. Wo ist Martha? Er ruft nach ihr, rennt nach ihr, findet sie nicht, trifft auf dem Gang den Abt im Türspalt.

»Nein, nein! Ich bin heute nicht da«, wehrt der Abt, »Habe mich entschuldigen lassen. Straf uns alle Gott! Himmer-Schlimmer-Nimmerod! War das deine Idee?«

Let Them Eat Chaos!

MEMENTO

Hanno und Olaf im blauen Licht

Aus einem Himmel voller Schnee, aus dichtem Flockengeflirr schaukelt der Apparat daher. Sein Name ist seine Bestimmung. Benannt ist er nach einer unergründlichen Spezies, dem Eisvogel. Die Leute im Tower des Fliegerhorsts Büchel trauen ihren Augen nicht. Sie sind auf Allwetterbetrieb eingestellt, das Geschwader steht unter Allzeitbereitschaft. Doch heute ist damit nichts. Die Landebahn ist vereist und verschneit, die bodenseitige Flugsicherung außer Betrieb, es besteht Start- und Landeverbot. Und jetzt dieser Apparat. Seit gestern ist er in Büchel avisiert. Man hat ihn gewarnt, dringend gewarnt und heim beordert hat man ihn. Doch dieser Apparat, einmotoriger Schulterdecker mit schwedischem Kennzeichen, nonstop unterwegs von Malmö, schwebt nun doch herein, eine unschiere Kiste, Modell Eigenbau. Die Leute im Tower Büchel sind fassungslos.

Avisiert ist ihnen der Schwede Olaf Wernitz, 53, vom Institut für Geomorphologie. In jungen Jahren war er Hobbyflieger unter extremsten Bedingungen. In Polarwintern erflog er sich Erfahrungen mit dem Unkalkulierbaren. Abfallprodukt seiner Extremfliegerei ist ein neuer, wissenschaftlich gesicherter Veränderungsquotient, den er für die geomorphologische Erscheinungsform Packeis entwickelt hat. Seine Arbeiten darüber sind gedruckt und in mehrere Sprachen übersetzt. Der Apparat, in dem er sitzt, ist im Grunde genommen immer noch der *Eisvogel* aus seiner Pionierzeit, nämlich ein Holzmodell. Jede andere

Flugmaschine auf der Welt ist schneller, bequemer und sicherer. Olaf Wernitz versteht sich als Luftkutscher auf eigene Hand. Er fliegt antiquiert. Vom Tower Büchel erhält er die strikte Anweisung, nicht einmal den Versuch einer Landung zu machen.

Wernitz stellt schräg gegen eine Windbö an, es rüttelt durch, die Holzverstrebung ächzt, und drückt dann den Vogel nach unten weg. Die verschneite Fläche vor dem Eingangstor des Fliegerhorsts tippt er nur an, tippt sie zweimal, tippt sie dreimal an und weiß, der Schnee liegt so hoch, daß es besser ist, die letzte Etappe seiner Reise von hier hinüber nach Himmerod nicht wie vorgesehen in einem Auto zurückzulegen, sondern weiterhin durch die Luft. Das Auto ist schon da. Auf dem Parkplatz neben dem wartenden Auto setzt Wernitz auf. Den Mann aus dem Auto übernimmt er ins Cockpit und hebt wieder ab, zum bassen Erstaunen der Leute im Tower. Sie verfolgen das Objekt auf ihren Monitoren. Es bewegt sich in südwestlicher Richtung, verschwindet aber schon nach kurzer Zeit von den Schirmen. Das kann bedeuten, so mutmaßt die Luftwaffe in Büchel, das Objekt hält sich sehr tief über Grund, oder das viele Holz, von dem es umgeben ist, desensibilisiert unsere Elektronik.

Eine weitere Unbekannte ist dieses Auto. Es gehört nicht hierher, beim Fliegerhorst ist es nicht registriert. Es unterliegt daher, zumal im Fall wie diesem hier, der zentralen Abfrage. Die Antwort, die in Büchel einläuft, besagt: zuzuordnen ist dieses Auto einer Person namens Hanno Plein, 45, diplomierter Wasserbau-Ingenieur, Projektleiter.

Die benachbarte U.S. Airbase in Bitburg meldet, sie hat ein unidentifizierbares Flugobjekt ausgemacht. Büchel gibt daraufhin die Daten dieser beiden Personen nach Bitburg durch mit dem Bemerken, deutscherseits liege gegen sie nichts vor.

Auf den Geräten der Amerikaner war der *Eisvogel* erschienen, als Olaf Wernitz kurz einmal steil hochgezogen hatte, um Hanno, der es nicht hatte glauben wollen, zu zeigen, wie leicht es ist, im Holz zu sitzen und hoch in der Luft Kapriolen zu schlagen.

Olaf erzählt Hanno, daß er schon als Kind geflogen ist. Zehn Jahre ist er alt gewesen, da hatte er sich gewünscht, fliegen zu können wie dieser kleine Junge Nils Holgerson, von dem in einem Buch zu lesen ist, daß er auf dem Rücken einer Gans eine wunderbare Reise unternommen hat. Geflogen ist Nils Holgerson einen ganzen schwedischen Sommer lang, ausgebreitet lag unter ihm das Land wie ein bunt gewürfeltes Tuch.

Nun, Olaf hat sich nicht einer Gans anvertraut, um sich in die Luft erheben zu können. Nicht auf einem Vogel sitze ich, um zu fliegen, so erzählt er Hanno, sondern in einem Vogel, in einem hölzernen Vogel, seit ich dreizehn bin.

Über ihnen und unter ihnen ist alles weiß. In dieses Einerlei von Landschaft sind Dörfer, windabgewandte Waldsäume und Bergabkantungen wie Schattenrisse eingesprenkelt. Olaf orientiert sich anhand einer Karte. Sie fliegen jetzt über einem Areal am südlichen Rand der Eifel, das Schauplatz von Ereignissen gewesen ist, denen sie beide schon seit Jahren nachspüren, jeder auf seine Weise, Hanno Plein hier an Ort und Stelle, Olaf Wernitz von Schweden aus. Regelmäßig haben sie sich über die Ergebnisse ihrer Nachforschungen schriftlich ausgetauscht. Sie kennen sich nur über ihren Briefkontakt. Sie sehen sich heute zum ersten Mal.

Olaf deutet nach unten. Binsfeld, da ist schon Binsfeld. Hanno ist in Binsfeld geboren. Über dieses Dorf hinweg läßt Olaf die Maschine in einer sanften Schleife seitab in eine Talniederung gleiten. Dort bugsiert er sie auf die Eisfläche eines Fischweihers. Sie bleiben im Cockpit sitzen. Nach und nach schneien sie zu. Sie hören die zinkenden Schläge einer nahen Kirchturmglocke. Olaf öffnet eine Flasche Aquavit, der wärmt auf. Hannos Eltern sind hier gewesen. Olafs Vater hat mit ihnen hier gelebt. Alle drei waren sie an den Ereignissen beteiligt, die sich an dieser Stelle zugetragen haben. Beim Landeanflug eben ist Olaf nicht entgangen, der Borgward steht immer noch da, Baujahr 1950, viertürige Limousine. Ein schmales Leiterchen ist angestellt für die Hühner, denen der Borgward jetzt als Stall dient.

Der Wunsch, Himmerod zu sehen, ist in Olaf Wernitz lebendig, seit er von den Umständen weiß, unter denen sein Vater Gregor Kuckoff hier einen Teil seines Lebens verbracht hat. Olaf hat sich aber nicht beeilt, Himmerod zu besuchen. Eigentlich hat er nicht vorgehabt, heute schon zu kommen. Er wollte erst einmal abwarten, bis Hanno und er mit der Recherche so weit sind, daß es guten Gewissens erlaubt wäre, aus dem damaligen Geschehen gesicherte Schußfolgerungen zu ziehen. So weit sind sie, wie Olaf meint, aber noch nicht. Einige wichtige Details liegen noch im Dunkeln. Aber wo ist es je gelungen, einen Fall so lückenlos aufzuklären, daß letzte Zweifel ausgeschlossen sind. Wo wird es das je geben, daß man sich sicher sein kann, nichts ausgelassen zu haben. Die Wahrheit ist stets nur das Resultat aus dem Versuch, sich ihr anzunähern. Olaf ist nun doch herübergekommen. Hanno Plein hat ihm deutlich gemacht, wenn du dich nicht entschließen kannst, jetzt zu kommen, wird es wohl zu spät sein, denn die Planungen unserer Projektgruppe Wasserbau sind abgeschlossen, das Projekt geht in die Ausbauphase, Himmerod ist nur noch eine Frage der Zeit.

Die Planungsunterlagen hat Hanno Plein mitgebracht. Es ist ein dicker, gefalteter Stoß ausgedruckten

Papiers. Die Kabine, in der sie sitzen, ist so eng, daß er jeweils nur drei Blatt ausfalten kann, so daß bildliche Darstellungen, soweit sie sich über den dritten Faltenknick hinaus erstrecken, nicht auf einen Blick zu überschauen sind. Aus der Planskizze ist für Olaf erkennbar, es handelt sich um den Talkessel von Himmerod. Am unteren Ende des Tals zeigt die Skizze einen künstlichen Abschluß, durch den das hier vorkommende Bachwasser gestaut werden kann. Als mittlere Fallhöhe sind fünfundzwanzig Meter angegeben. Behutsam sind Fischtreppen in diese gedachte Staumauer eingelassen. Die Maueroberkante ist höher als alle hier vorhandenen Dachfirste, einschließlich der Kirche. Es ist eine Klosterkirche. Einzig ihr Turm ragt über die vorgesehene Füllhöhe des Wasserspeichers hinaus.

Ob die Glocke, die in diesem Turm hängt, weiterzinken kann, wenn einmal das Staubecken aufgefüllt ist, erscheint fraglich. Eine elektrische Leitung über den Wasserspiegel hin zu diesem Turm zu führen, ist nicht vorgesehen. Die oberste Wasserwirtschaftsbehörde aber weiß Rat. Batteriebetrieb wäre eine Möglichkeit, das Glockengeläut sicherzustellen, signalisiert sie in einem internen Planungspapier.

Türme, die aus überfluteter Landschaft hervorschauen, gelten als Merkzeichen versunkener Kulturen. Und ist es ein Kirchturm, der von Wasser umgeben solitär dasteht, so gilt er als Säule unverbrüchlichen Glaubens in einer Welt voller Gefährnisse. So etwas rührt die Seele an und das Gemüt. Sofort entstehen Lieder, Gemälde, Ansichtskarten, Diareihen. Filmleute könnten versucht sein, sich der Melancholie anzunehmen, die solchen Bildern innewohnt. Die Folge davon wäre, schaulustige Leute würden kommen, Touristen hätten guten Grund, es sich anzusehen. Mag es so sein, mag es so bleiben. Türme, die überdauert haben, besagen alles und besagen nichts. Ihnen auf den Grund zu kommen, lohnt, wo es wie hier in Himmerod über reine Vermutungen hinausreicht, wo Fakten festgemacht wurden, bevor die Flut kommt, dürftige Fakten zwar, die aber handfest genug sind, um daraus herzuleiten, was es auf sich hat mit dem Platz, den der Turm in dieser Planskizze markiert.

Olaf Wernitz ist nicht bloß hergekommen, um einmal sagen zu können, ich habe Himmerod noch gesehen, ehe es unterging. Nein, es geht ihm darum, jetzt hier zur Stelle zu sein. So, wie die Dinge liegen ist zu befürchten, es geht vieles endgültig verloren, sobald alles bewegliche Gut des Klosters ausgelagert wird. Er möchte jetzt hier sein, um sich das eine oder andere wichtige Stück aus dem Inventar der Zelle, die sein Vater hier seinerzeit bewohnt hat, zu sichern. Dazu gehört eine Sammlung privater Schriften und Briefe, anhand derer sich das Puzzle der Geschehensabläufe von damals, vielleicht doch noch vervollständigen läßt. Denn worauf Hanno und er sich für ihren Versuch einer Klärung bis jetzt stützen können, ist im Wesentlichen nur das, was Hanno aus dem Bereich seiner Eltern sichergestellt hat. Das Fotoarchiv von Hannos Mutter Martha Plein scheint ziemlich ergiebig zu sein, ebenso die vielen Tageszettel seines Vaters Guido Pagels, von dem man nur weiß, daß er Eindrücke und Betrachtungen immer nur sporadisch notiert hat. Die beiden Freunde beschließen, gemeinsam alles auszuwerten. Für heute ist es genug, draußen ist es schneedunkel.

Olaf läßt den Propeller an. In seinem Windstrom stiebt die Schneeschicht weg, die sich auf dem Flugzeug gebildet hat. Massiv und schattenhaft ragt der Gebäudekomplex des Klosters aus der Landschaft, als sie vom Eis abheben.

Nachtflug ist für einen Polarflieger, wie Olaf Wernitz einer ist, kein Rätselraten. Ist er beispielsweise auf der Höhe von Severnaja Zemlja, bedient er sich der Flugleitsysteme über dem russischen Nordmeer, um nachts klarzukommen, vorzugsweise der militärischen, sie bieten höchste Sicherheit. Ebenso gut könnte er sich über der Mosel, zwischen Eifel und Hunsrück, den Frequenzen der Nato anvertrauen. Er braucht es aber nicht. Kurs, Flughöhe, Reisegeschwindigkeit bestimmt er hier nach Sicht.

Unter ihnen spurt durch den hohen Schnee von Wengerohr herüber auf die Lichter von Wittlich zu ein siebengliedriger Lindwurm. Der Abendzug.

WAHRHEIT IST DAS UNANFECHTBARE. GIBT ES DAS?

Nachwort der Herausgeberin

Vom 5. bis zum 9. Oktober 1950 tagte eine Kommission ehemaliger hoher Wehrmachtsangehöriger im Kloster Himmerod in der Eifel und plante die deutsche Wiederbewaffnung nach Ende der Naziherrschaft. Das Treffen, initiiert von den Westalliierten und der Regierung Adenauer, fand unter strenger Geheimhaltung statt. Am 12. November 1955 wurde den ersten Soldaten der neugegründeten Bundeswehr die Ernennungsurkunde überreicht.

Soweit, so historisch.

Am Abend des 6. Oktober 1950 wird den Tagungsteilnehmern im Kloster Hecht serviert und Chaos nimmt seinen Lauf.

Soweit, so fiktional.

Albert Pütz ist mein Vater und der ovale Tisch mit dem gedrechselten Mittelfuß, an dem Pläne geschmiedet werden, steht in meiner Küche.

Soweit, so biographisch.

1990 erschien der Roman »Hecht in Himmerod« bei der Pfälzischen Verlagsanstalt Landau und liegt nun in einer Neuausgabe des Eifeler Literaturverlags vor. Als die Entscheidung fiel, den Roman mehr als dreißig Jahre nach seiner Erstveröffentlichung einem heutigen Leserpublikum vorzustellen, war noch nicht abzusehen, wie aktuell die Story des »Hecht« im Jahr 2024 sein würde.

Ursprünglich war an eine Art historische Edition gedacht, die einen spannenden Roman mit regionalen Bezügen zur Eifel dem interessierten Publikum wieder zugänglich macht. Im Zuge der Arbeit am Manuskript, das durch klassisches Abtippen in digitales Format zu bringen war, eröffneten sich erstaunliche Bezüge zu gegenwärtigen politischen Fragen: die 2025 anstehenden Jubiläen 70 Jahre Bundeswehr und 75 Jahre Himmeroder Denkschrift, weltpolitische Krisen in Europa, Asien, Afrika, und Nahost, das Wiederaufleben des West-Ost-Konflikts, die starken antidemokratischen und demagogischen Bewegungen auf nationaler und internationaler Bühne.

Im Roman »Hecht in Himmerod« sind Ereignisse, Handlungsverläufe, Landschaften und Schicksale zu einem dichten Geflecht verwoben, Zeitsprünge und regionale Kuriositäten inklusive. Aus dem, was der Autor 1945, 1950, 1990 in Himmerod, Trier und Wittlich geschehen läßt, entsteht ein Kaleidoskop des Widerstands: persönlich, politisch, menschlich.

Geschichte wiederholt sich nicht, jedenfalls nicht linear. Doch zeigt der Blick zurück was möglich ist – im Guten wie im Bösen.

Der nun vorliegende Romantext ist eine mit dem Autor abgestimmte, vollständig überarbeitete Fassung. So wurden beispielsweise Zitate eingefügt von Kae Tempest (Let Them Eat Chaos, 2018),
Christian Morgenstern (Meran-Vineta, 1911) und Wilhelm Müller (Vineta, 1850). Einzelne Textpassagen sind geändert oder verschoben worden.

Mein Dank gilt dem Eifeler Literaturverlag für seine Neugier, sich auf das Vorhaben einzulassen und Felix Fogelspach, der die Nase immer im Wind hat zu wittern, was Draußen so los ist.

Vennris in der Eifel im März 2024

ÜBER DEN AUTOR

Albert Pütz wurde 1932 in Saarburg geboren. Er war Amtsrichter in Idar-Oberstein. Als Autor zahlreicher Romane, Erzählungen, Essays und Fachbücher hat er sich seit den 1970er Jahren einen Namen gemacht, weit über den Hunsrück hinaus. 2005 ließ er sich im belgischen Hergenrath nieder und lebte mit Familie im Aachener Dreiländereck. Am 19. Januar 2008 ist Albert Pütz in Aachen gestorben.

Viel lag ihm daran, den schriftstellerischen Nachwuchs zu fördern, die Belange der schreibenden Zunft auch institutionell erfolgreich zu vertreten und sich in politisch-gesellschaftliche Zeitfragen kritisch einzumischen.

Er initiierte und entwickelte den literarischen Wettbewerb »Buch des Jahres in Rheinland-Pfalz«, der von 1989 bis 2011 jährlich ausgeschrieben wurde sowie ab 1992 die Rheinland-Pfälzischen Literaturtage. Von der

Landesregierung in Mainz war er als literarischer Gutachter berufen, unter anderem in die Jury des Kunstpreises für Literatur und der Carl-Zuckmayer-Medaille.

Von 1984 bis 1990 war er Vorsitzender des Förderkreises Deutscher Schriftsteller in Rheinland-Pfalz und von 1986 bis 1994 Vorsitzender des Verbandes Deutscher Schriftsteller (VS) in Rheinland-Pfalz. Nach Ende seiner aktiven Zeit als Richter am Amtsgericht in Idar-Oberstein wurde er 1994 als parteiloser Kandidat zum Ersten Beigeordneten des Landkreises Birkenfeld gewählt und wirkte bis 1999 als stellvertretender Landrat.

Und immer fand er Zeit, zu schreiben. Aus seiner umfangreichen Bibliographie hier eine Auswahl:

1976 – Das unbotmäßige Leben des Nikolaus Haffner. Erzählung.

1977 – Das Wirtshaus im Hunsrück. Unerhörte Geschichten.

1979 – Glashaus mit Steinen. Roman.

1982 – Der Therapeut oder die Irren auf der Bastion. Erzählung.

1987 – Innenansichten einer Zeit. Anthologie zum 40jährigen Bestehen des Landes Rheinland-Pfalz. Mitherausgeber.

1990 – Hecht in Himmerod. Roman.

1992 – Gelächter am Weg. Erzählungen.

1993 – Terror '93. Literarische Essays zu Fremdenhaß, Gewalt und Vertreibung. Mitherausgeber.

1996 – Störverdacht. Erkundigungen über Durchreisende. Literarische Portraits.

1998 – Aufrührer und Glücksucher. Erzählungen.

1998/2001 – Das SS-Sonderlager/KZ Hinzert (1940-45). Das Anklageverfahren gegen Paul Sporrenberg. Eine juristische Dokumentation. 2 Bände.